U0701768

谨以此书献给深创赛十周年

SHENZHEN
CHUANGYE
GUSHI

深圳
创业故事

深圳市科技创新委员会　主编

杨柳　执笔

海天出版社
HAITIAN PUBLISHING HOUSE

·深圳·

图书在版编目(CIP)数据

深圳创业故事 / 深圳市科技创新委员会主编；杨柳执笔 . — 深圳：海天出版社，2018.12（2021.1 重印）
ISBN 978-7-5507-2456-3

Ⅰ . ①深 … Ⅱ . ①深 … ②杨 … Ⅲ . ①企业家 - 访问记 - 深圳 - 现代 Ⅳ . ① K825.38

中国版本图书馆 CIP 数据核字 (2018) 第 241749 号

深圳创业故事

SHENZHEN CHUANGYE GUSHI

出 品 人	聂雄前
责任编辑	陈少扬
责任技编	陈洁霞
责任校对	万妮霞
封面设计	李 礼

出版发行	海天出版社
地 址	深圳市彩田南路海天综合大厦（518033）
网 址	www.htph.com.cn
订购电话	0755-83460239
设计制作	李 礼
印 刷	深圳市希望印务有限公司
开 本	787mm×1092mm 1/16
印 张	12.75
字 数	154 千
版 次	2018 年 12 月第 1 版
印 次	2021 年 1 月第 4 次
定 价	48.00 元

海天版图书版权所有，侵权必究。
海天版图书凡有印装质量问题，请随时向承印厂调换。

编委会

| 主 编 |

深圳市科技创新委员会

| 执 行 主 编 |

黄 臻

| 编 委 |

杨滢亮	潘伟旗	于英普	杨柏平
席卫忠	陈庆云	黎慧来	黄 葳
文 莉	张月光	王剑华	王 辉
谢照杰	赵秋奇	闫 莉	冯圣中

给创业者一个温暖的港湾

　　"大众创业、万众创新"是我国加快落实创新驱动发展战略的重要举措，是以创新创业带动就业的有效方式，是推动新旧动能转换和经济结构升级的重要力量，是促进机会公平和社会纵向流动的现实渠道。自 2015 年国家实施"双创"发展战略以来，科技部出台了《发展众创空间工作指引》，科技部火炬中心协同其他部门共同启动了全国小微企业创业创新基地城市示范工作，每年举办全国"双创"活动周、中国创新创业大赛、中国创新挑战赛等"双创"活动，取得了显著的成效。

　　近年来，中国创新创业大赛在科技部、财政部、教育部等的指导支持下，积极探索创新工作方式方法，会同地方赛事活动，为创新创业者提供全方位服务，推动"大众创业、万众创新"蓬勃发展，取得了显著成效。一批重点创业孵化器建设取得积极进展，服务创业者的创新平台和载体实现了快速发展，进一步弘扬了"双创"文化，使"鼓励创新、宽容失败"的"双创"精神深入人心。前六届中国创新创业大赛累计参赛企业和团队达 12 万余家，培育出了一大批"明星企业"，为我国经济社会发展带来崭新动力。

　　随着"双创"理念逐渐在国际上形成共识，联合国将每年的 4 月 21 日设立为"世界创意和创新日"。2018 年，第七届中国创新创业大赛启动会在第一个"世界创意和创新日"前夕启动，将进一步推动"大众创业、万众创新"蓬勃发展。为了探索新的创新创业生态模式，在第七届中国创新创业大赛赛事安排中，特别推出了大中小企业融通专业赛，以促进大中小企业融会贯通的产业生态为出发点和落脚点，通过行业龙头骨干企业举办专业赛，鼓励大企业打破边界，开放创新资源，促进创新创业企业的发展，同时充分整合细分领域的产业资源，探索和建立大企业和小企业精准对接和专业服务的良好模式和机制，帮助大企业做精做强，帮助小企业发展壮大。

说到创新创业大赛的成功举办，我们不会忘记，深圳作为最早组织和策划大赛的城市，发挥了改革开放排头兵的示范作用。深圳在2009年金秋时节就成功举办了首届中国深圳创新创业大赛[1]，来自全国的1139个项目参赛，取得了良好的效果，正所谓开风气之先。

《深圳创业故事》讲述了深圳二十家企业和机构的创业经历和感悟，虽然并不是全部经验都具有适用性，但这些不同创业主体的宝贵经验可以给更多的创业者启迪和激励。他们崇尚创新，意志坚定，勇于拼搏，他们对社会最好的回馈除了经营好自己的企业，还给大家分享独特的精神财富，支持和帮助有志于创业的人，体现出强烈的社会责任心和使命感。

如何让"双创"之火越烧越旺？从《深圳创业故事》中，我们能体会到深圳为"双创"发展所营造出的良好环境。近年来，深圳出台了《关于促进创客发展的若干措施（试行）》和《促进创客发展三年行动计划（2015—2017年）》，设立了5亿元创客专项资金和3亿元创客基金，累计培育了75家创客服务平台和281家创业孵化载体，成功举办了三届深圳国际创客周，连续举办了十届中国深圳创新创业大赛和十届中国（深圳）IT领袖峰会，

---

[1] 2017年，"中国（深圳）创新创业大赛"更名为"中国深圳创新创业大赛"。为了避免因采用两种不同表述法而引起误会，本书统一采用"中国深圳创新创业大赛"表述法，简称为"深创赛"。

激发全社会创新创业激情，成为推进大众创新的重要平台。深圳正在以交流广泛、活动集聚、资源丰富、成果众多、创业活跃的国际"双创"面貌出现在大家面前。

全社会要给创业者营造一个温暖的港湾。营造良好的创新创业环境永无止境，没有最好，只有更好。"新建一批双创示范基地，鼓励大企业和科研院所、高校设立专业化众创空间，加强对创新型中小微企业支持，打造面向大众的'双创'全程服务体系，使各类主体各展其长、线上线下良性互动，使小企业铺天盖地、大企业顶天立地，市场活力和社会创造力竞相迸发。"这是2017年《政府工作报告》提出的要求，也是我们开展工作的方向和落脚点。

"倾听江下涛声急，一代新潮接旧潮。"我相信在祖国大地上会涌现出更多优秀的创新创业者，构建良好创新生态，激发全社会创新创业活力，为祖国的繁荣昌盛、科技进步做出杰出的贡献。

（张志宏　科学技术部火炬高技术产业开发中心主任）

目录

第四章 / 不破楼兰誓不还

第五章 / 甘当创业者的同路人

第一章

初生牛犊不怕虎

年轻是我们唯一拥有权利去编织梦想的时光。

——李嘉诚

常琳，创业时还是哈尔滨工业大学的学生。如今，他与同学创办的乐聚机器人是 2018 年中国创业企业新苗榜"年度新锐企业"。

　　吴勇谋，16 岁时还是深圳一家合资工厂的最普通打工仔。如今，他的勇艺达机器人已进入成千上万的家庭，成为青少年喜爱的智能伴侣。

　　贺鹏麟，19 岁时还是深圳一名汽车维修学徒工。如今，他是国家级技能大师、全国技术能手、南粤技术能手、鹏城工匠。

　　他们曾是一无所有的打工仔和大学生，为什么会选择创业这条艰难的道路？

　　他们从什么时候开始有了"老板梦"？作为草根创业者，他们究竟凭借什么在激烈的市场竞争中站稳脚跟？

　　他们是初生牛犊，从不畏惧未知的困难和挑战。

"如果你能真正把技术优势变成符合市场需求
的产品优势，就能真正占领这块市场。"

常琳，哈尔滨工业大学博士，乐聚（深圳）机器人技术有限公司 CEO。致力于机器人研究多年，
曾荣获全国机器人锦标赛（FIRA）一等奖，代表黑龙江省参加中美青年高峰论坛并受到美国
前总统卡特接见。2018 年被评为腾讯 AI 加速器首期 AI 先锋。

乐聚（深圳）机器人技术有限公司获得 2017 年中国深圳创新创业大赛电子科技行业决赛企业
组二等奖，深圳罗湖区第一届创新创业大赛企业组二等奖。

常琳：

拥有人形机器人梦想的少年

2016 年 3 月，乐聚（深圳）机器人技术有限公司（简称"乐聚机器人"）在深圳松禾创新孵化器成立，其创始人冷晓琨、常琳、安子威是哈工大校友。常琳任 CEO[1]。

2017 年，乐聚机器人获得中国深圳创新创业大赛电子科技行业决赛企业组二等奖。常琳对已经取得的成绩并不觉得意外。

｜ 深圳遇伯乐

很多人以为，常琳一直在学校读书，没有带团队的经验。常琳却不这么看。他说："其实在创业之前，从 2013 年开始，我在哈工大担任智能机器人俱乐部的队长。这是哈工大最火的社团，每年吸纳新生 300 多人。可以说，在社团当队长很好地锻炼了我的管理能力。"就是在智能机器人俱乐部里，常琳和冷晓琨这些机器人发烧友相识相知，并且在多次的机器人比赛中建立了深厚的友谊。

2016 年 2 月，常琳和冷晓琨结伴来到深圳，此行的目的是与松禾创新

---

[1] 首席执行官。

2017 年 10 月，中国机器人及人工智能大赛上的 Aelos 专项赛

孵化器总经理张云鹏见面。"那时正是寒假，我在一位哈工大师兄的介绍下来见张云鹏。当时我们没有任何的融资经验，除了技术好之外，对市场落地、经营公司都没有任何概念，所以第一次介绍项目的时候讲得并不好。"常琳回忆道。

当时，临近毕业，智能机器人俱乐部的几位核心骨干已经接到华为、百度、腾讯等国内知名企业的录取通知，常琳也收到美国加州大学伯克利分校的录取通知书。但常琳和冷晓琨都想进入比较前沿的双足人形机器人行业，倘若能得到一笔天使投资，大家就能撸起袖子大干一场。否则，大家分开后就很难再聚拢。因此，对常琳和冷晓琨来说，松禾创新孵化器的态度至关重要。

或许因为表现得太迫切，或许因为缺乏经验，这一次面谈的结果并不理想。张云鹏告诉这两个大男孩："你们回去整理一下思路，过两天，咱们再聊一次。"

至今回想起来，常琳仍非常敬佩张云鹏当初的决定。他说："天使投资的风险其实挺高的，因为我们没有任何产业化经验，每走一步都有非常大的挑战，还有各种'坑'等着我们跨越。一旦没有跨过去，创业失败，他们的投资就打水漂了。我和冷晓琨认真准备了两天，再次和张云鹏见面细谈后，他就决定把我们带到松禾投资董事长厉伟那里。厉伟听我们介绍了一小时。三天后，张云鹏通知我们，松禾投资作为天使投资机构决定投资 1000 万元。我觉得他们当时冲着我们这个团队和想法，就提供了 1000 万元的投资，真是非常大胆的决定，也算是赌一把了。"

2016 年 3 月，乐聚（深圳）机器人技术有限公司在深圳松禾创新孵化器成立，常琳、冷晓琨、安子威三名创始人从哈尔滨直接飞到深圳开工。经过半年时间，乐聚机器人发展到 40 多人。2016 年年底，乐聚机器人宣布获得了深创投 3000 万元 pre-A 轮[1]投资。

| 寻找真实需求

创业注定路途坎坷，各种"坑"在看不见的前方等待着年轻的创业者。常琳带领乐聚团队开始了创业之旅，令他记忆犹新的是在采购原材料时遇到的重重陷阱。

---

[1] A 轮准备轮。

"我们在采购方面没有任何经验。有一次，我们去一家工厂考察，厂家说自己的电池是进口的，我们就采购了 500 个，后来用到产品上才发现全是次品。被坑过之后，我们就长了记性，在采购工作中增加了产品出厂检测、入库检测和整机成品检测三个环节。"常琳说，"在机器人模具设计方面也有不少陷阱，外观设计表面上看着不错，但一进入生产环节就会发现没有生产价值，不得不反复修改。"

最令常琳头痛的是，所有的投资者在面对乐聚机器人这个初生的人形机器人研发公司时，都会质疑：怎么落地？如何挣到钱？这群"90 后"创业者有没有开拓市场的能力？

"我们研制的第一代产品 Aelos 面向儿童和极客，既可以娱乐，又可以学习编程。最初，关于如何做好销售，我们寄希望于融资进来后，可以吸引到强有力的销售合伙人。但万万没想到的是，由于人形机器人产品太新，没有现成的资深销售人员具备这类产品的市场推广能力。2016 年 5 月以后，我们不得不亲自去跑市场。"常琳和安子威冲到市场一线，去打市场，从产品功能到价格定位都绞尽脑汁。

Aelos 以 3999 元的价格在市场上火了大半年，截至 2016 年年底销售了近万台，但到 2017 年第一季度销售量就掉了下来。常琳反思道："为什么这款产品不能一直热销呢？我意识到技术圈里的真伪需求之分，现在市场上 80% 的智能硬件企业都在亏损。如果产品没有问题，经营没有问题，亏损的概率应该是很低的。大部分智能硬件企业都有技术优势，但技术优势对应到产品优势上却是很漫长的过程。把技术优势变成符合市场需求的产品优势，这才是市场真正需要的东西，但这也是最难做到的事情。"

常琳承认，为人形机器人找到它的真实需求，是受到大疆无人机的启发。大疆起步之初，无人机的发展也是很艰难的，因为消费者不知道它具体能干啥，不知道怎么用。汶川地震时，大疆无人机代替人飞到废墟中察看现场。后来，有拍摄户外节目需求的客户也会采用无人机。大疆发现，原来无人机可以应用到明确的场景，可以航拍，于是着重发展航拍功能。"这个例子很好地说明将技术优势对应到产品优势所需要的漫长过程。如果你能真正把技术优势变成符合市场需求的产品优势，就能真正占领这块市场。乐聚机器人的技术优势是'走'得快，那么在哪里需要'走'得快这个功能呢？我们从市场上了解到，学校教育就很需要'走'得快的机器人，因为在一节课的时间里，如果'走'得快，就可以很好地给学生演示编程的效果。因此我们下一代产品就锁定教育市场。"

"市面上的机器人课程不少，比如乐高，但乐高偏低龄化，高龄化的教育市场更需要人形机器人，但现在做人形机器人培训的机构却非常少。"常琳说，"我们现在就在做这样的升级，以自己的机器人为载体，去做一些行业本不应缺少的与培训、教育有关的事情。"

2017年第三季度，乐聚机器人针对教育市场发布了人工智能教育机器人，这是针对国家倡导的学龄阶段人工智能教育而开发的创新产品，是国内第一个具有完整教学方案的高端人工智能教育产品，包含了机器人、配件、教材、师资、竞赛和升学等内容，旨在让学生通过人形机器人学习机器人理论知识、机器人开发、计算机编程、机械结构与设计、物理和数学等多学科知识。这款产品受到教育市场的高度认可，目前有北京市海淀外国语实验学校、北京四中、深圳中学等200多所学校引进使用。

常琳说："2017年，教育部要求将人工智能引入全国高中新课标，从2018年秋季学期开始执行。这对人工智能教育机器人市场是一大利好。我们预计2018年乐聚机器人在教育市场上会有很好的表现。"

常琳对将乐聚机器人的技术优势转化为产品优势越来越娴熟，产品在市场上的表现越来越好，知名度也越来越高。2017 年，乐聚机器人获得中国深圳创新创业大赛电子科技行业决赛企业组二等奖、深圳罗湖区第一届创新创业大赛企业组二等奖。2018 年，常琳被评为腾讯 AI[1] 加速器首期 AI 先锋，乐聚机器人被评为中国创业企业新苗榜"年度新锐企业"。

| 一路走到底

乐聚机器人还有一款技术难度更高的双足机器人 Talos，历时两年自主研发。这款机器人身高约 60 厘米，每只手有 3 根手指，拥有 22 个能高速运转的关节。最让人惊艳的是，这款机器人能跨步走，最大步幅约为 15 厘米，每秒可迈出 3 步，速度能达到 45 厘米每秒，相当于儿童的行走速度。

Talos 最大的技术突破当属人形 SLAM[2] 技术的应用。此前，全球只有两家公司公布过这一技术，乐聚机器人是中国首家。

常琳说，在身高 50 厘米以下的人形机器人中，乐聚机器人的运动系统是比较领先的，能够比肩世界顶尖的机器人企业。除 Talos 以外，乐聚机器人 2018 年在研的大型人形机器人设计高度 1.7 米，可实现自由行走、自主导航、自动避障，以及抓取、识别等功能，"具有强大的计算能力，通过搭载不同的 AI 应用，可以极大拓展机器人的功能；具备人的感知与技能，包含听觉、视觉、语言、行为等能力。它是未来强大的服务机器人载体，可应用在家庭、公共服务、医疗、消防、军事等各个领域"。这款大型人形机器人已经模拟测试成功，正准备进入实测期。

---

[1] 人工智能（artificial intelligence）。
[2] 即时定位与地图构建（simultaneous localization and mapping）。

常琳坦言："我们将会在人形机器人方面一路走到底，让人形机器人走进千家万户提供各种服务的梦想成真。"

"你的学历不高，没有背景，没有资金，不靠吃苦，还能靠什么？我始终相信一句真理，那就是'吃苦就是吃补'。"

吴勇谋，深圳勇艺达机器人有限公司董事长，新勇艺科技园（河源）有限公司董事长。广东省机器人协会常务副会长、河源市政协常务委员。2017年，获第五届"深圳十大青年领袖"称号，被中国商业联合会评为"中国品牌十大杰出人物"。

吴勇谋：

从打工仔到服务机器人领军者

如果您来到深圳机场的安检口，会发现一个小巧的机器人在提醒旅客："深圳机场欢迎您，请出示您的登机牌和身份证，不要携带打火机、火柴，谢谢您的配合！"

这款由深圳勇艺达机器人有限公司（简称"勇艺达机器人"）研制的机器人，从 2018 年 7 月开始便会出现在全国 200 多个机场，服务数千万人次的旅客。

勇艺达机器人是目前国内服务机器人行业中的佼佼者，2017 年获得第七届吴文俊人工智能科技进步奖。2018 年，勇艺达机器人的各种产品开始服务机场、药店、汽车 4S 店，并进入成千上万的家庭中，成为青少年最好的智能伴侣。

｜幸运地当上学徒工

1993 年夏天，刚初中毕业的吴勇谋对母亲说，为了让弟弟和妹妹多读些书，他想辍学到深圳去打工。当时，全家就靠父亲做泥水工的收入度日，要养活三个读书的孩子异常艰难。母亲默默地把仅有的 200 元塞给了这个懂事的儿子，让他去深圳闯荡。

刚满 16 岁的吴勇谋从福建晋江来到深圳宝安找工作。为了糊口,他在一家合资工厂当了搬运工,每天辛苦地搬货,一个月才挣 200 元。

"我那时刚刚满 16 岁,每天都觉得又累又饿,我想换个工作。一个月后,在工厂橱窗看到招聘学徒工的通知后,我就毅然去应聘。"吴勇谋觉得生活对他太厚爱了,居然有这样一个可以学习技术的工作机会,心想,只要能当上学徒工,好好学门手艺,还有涨工资的机会,美好的心愿就能满足了!

吴勇谋顺利当上了学徒工,除了学习无线电发射模拟信号方面的技术外,还有一部分工作是给日本师傅做勤杂员。师傅是工厂中负责现场管理和技术的干部,管理经验丰富。吴勇谋下班后帮师傅洗衣服,给他倒茶点烟,无微不至地照顾着他的起居生活。师傅也把所知道的东西毫无保留地教给了这个乖巧的学徒,包括手机生产工艺、工厂管理流程、手机零部件知识、企业文化等。

"那个时候,我每天都是晚上十一点半以后才离开工厂回到宿舍,连续三年几乎没有休过周末和假期。我下班后要不断地学习,因为才只有初中文化水平,我不仅要自学中专、大专课程,还要跟师傅学习很多东西,无线电发射、射频、声学、力学、手机结构、手机主板等,总有学不完的东西。"吴勇谋回忆,"我曾经被师傅重重地打了一耳光,但我知道他打我也是为了让我长记性。"

他说:"手机安装时要安 4 个螺丝钉,师傅要求我从 1 到 3,再从 2 到 4 这样对角来安装,但我是按从 1 到 2 再到 3 这样的顺序安装的。师傅突然打了我一耳光,很严厉地告诫我:'做事要懂规矩,如果没有规矩,将会一事无成!'这句话至今还深深地烙在我心里。"

为了节省时间,吴勇谋在打工的时候头发很短,每次都是在天桥底下花 1 元剪个板寸头;为了省钱,3 条牛仔裤轮流穿,工衣直到穿破才会换新的。"那四年，我就是以厂为家，只要能多学点东西，再累再苦我都不怕。"吴勇谋说，工厂鼎盛的时候有 2000 人，管理上提倡创新、精简，他从企业文化中学习到很多有用的东西。四年里，他从学徒工上升到高级经理，每月工资从 200 元涨到 2000 多元。

｜实现了做老板的梦想

1997 年春节，吴勇谋回到老家，看见家里仍然一贫如洗，想到自己打工再过十年也无法改变家中的贫穷状况，于是萌生了创业的想法。"我想办厂，想拥有一家如自己所在企业那样的现代化工厂。我把想法告诉了母亲，说这几年存下来 28000 元，想拿这些钱当本钱，再去深圳找机会闯闯。母亲同意我的决定。福建人信奉'爱拼才会赢'的人生信条。"

1997 年 4 月，吴勇谋到深圳找创业机会。他先是租了一间铺面，再到华强北电子市场去寻找商机。他得知广州电子城也很多电子配件，决心到广州去看看。

一天，他乘上一辆开往广州的大巴，突然听见一个拿着"大哥大"的男子在大声地讲电话，内容是责怪对方拖了这么久不交货。等男子放下"大哥大"，吴勇谋跟他搭讪："大哥，你找什么货呢？"这个陈姓老板说需要精密支架组件这个手机配件，从日本进口这个配件常常被拖延交货时间。吴勇谋马上说，自己可以研发生产精密支架组件。陈老板半信半疑地看着吴勇谋。吴勇谋介绍了自己曾在日本手机加工厂工作四年的经历。陈老板答应给他一个月时间提供样品，如果检测合格可以给他下订单。

"我从广州回来后，连续两个晚上睡不着觉，虽然我知道如何做出精密支架组件，但我没有机器设备啊！我知道，如果错过这个机会，以后就难有这样的机会了。"吴勇谋冥思苦想，突然有一天，他想到之前在工厂打工时结识的一位工友。这位工友已经跳槽到另一个工厂做主管去了，能否找他帮个忙呢？

吴勇谋找到工友，请他给工厂老板谈一下借用生产设备的事情。工友很热情地推荐他去见老板，谈妥租用设备按一小时60元收费，每天晚上十点以后再进工厂干活。他每天等工厂的工人都下班，再进去工作，经常忙到凌晨两三点。就这样辛辛苦苦地干了二十天，终于做出了精密支架组件，提前给陈老板送样品。一检测，各项性能完全达标，爽快的陈老板答应给他下订单。

为了解决生产设备的难题，吴勇谋寻觅几天，终于花2万多元买到一台二手设备，放在用来住的铺头开始夜以继日地生产。从做精密支架组件起步，再到固定架等手机通用配件，产品种类越来越丰富。

1997年10月1日，深圳勇艺电子科技有限公司（简称"勇艺电子"）在宝安成立，吴勇谋这个才20岁的打工仔终于实现了做老板的梦想。吴勇谋说："'勇'字包含了勇气的意思，'艺'代表'技术'，和'亿'同音，我那时的梦想是实现1个亿的收入。"

从陈老板到漫游通，再到富昌，吴勇谋的客户越来越多。勇艺电子开业第一年就赚到100万元，到2004年完成了人生的第一个亿元目标。

"我们公司人数最多的时候有数千人规模，我们给波导、科健、南方高科、TCL等大型企业做手机的贴牌设计生产。从手机零配件到电镀、贴膜、组装、整机生产等整个环节，我们都可以承担。2005年，我们公司的年销售额达数亿元，在河源购买了10万平方米土地，修建勇艺达工业园，并且入股了天彩控股公司——这是一家运动相机、智能硬件等产品的JDM（联合研发制造）公司，我拥有丰富的研发和生产管理经验，所以就在四年时

2017 年 12 月 5 日，吴勇谋接受深圳广电集团众创 TV 频道《创见未来》栏目专访

间里带领着天彩控股公司实现了快速成长，牢牢占据全球运动相机出货量第一的位置。天彩控股公司于 2015 年成功在香港主板上市。"

　　然而，生意场上总是波澜起伏。2008 年的金融风暴，给吴勇谋的手机生产企业造成巨大冲击。他说："我感受到雪上加霜的滋味：'雪'就是金融风暴，影响了手机的外销市场；'霜'就是智能手机面市。之前我们主要生产功能手机，现在面临技术转型，而订单又极度萎缩，5000 人规模要收缩到 1000 人，一下要关掉 4 个工厂。有的员工跟了我好几年，要辞退老员工真舍不得。为此我流了好几次眼泪。"

2017 年 6 月 10 日，勇艺达商学院在河源新勇艺科技园成立

| 瞄准机器人开始二次创业

2014 年，吴勇谋在深圳宝安区创立深圳勇艺达机器人有限公司，聘请几十位在 MTK（科发联）、三一重工、腾讯工作过的工程师，启动服务机器人的研发工作。

2016 年年底，LG 向全球供应商发出一个服务机器人研发订单的招标，数百万美元的订单吸引了来自中、日、韩等国的 20 多家企业参与竞争，最终勇艺达机器人以过硬的技术实力和快速反应能力脱颖而出，并在三个月内做出了样机：这款外形简洁现代的机器人不仅可以360度摇摆，还能有礼貌地鞠躬，会根据用户喜好的温度提前打开空调，随时监测室内空气质量，空气污浊时会自动开启空气清洁机……

四年里，勇艺达机器人持续投入数亿元的研发费用，组建一支200多人的研发团队，申请了200多项专利——其中75项是发明专利，打磨出一系列品质出色的服务机器人产品。

创新、精简、共赢是勇艺达机器人的文化。创新是由精简和共赢来支撑的。精简，就是抓住核心点，尽量简单处理，管理等级扁平化，层级简单，反应敏捷，战斗力强。共赢，体现在企业内部，核心管理团队8人、高管和核心技术骨干40人持股，让每个骨干的利益都与企业的成长息息相关。

从手机制造到运动相机制造，再到机器人研发生产，这一路走来，吴勇谋已经从最底层的打工仔成长为成功的企业家，可他仍然信奉"爱拼才会赢"和"吃得苦中苦，方为人上人"的人生格言。"如果不能吃苦，凭什么你能挣钱呢？你的学历不高，没有背景，没有资金，不靠吃苦，还能靠什么？我始终相信一句真理，那就是'吃苦就是吃补'。"

"选择自己喜欢做的事情去创业，孜孜以求，

业精于勤。"

贺鹏麟，深圳智慧车联科技有限公司总经理。曾获得国家级技能大师、全国技术能手、南粤技

术能手、鹏城工匠等荣誉，享受国务院政府特殊津贴。

贺鹏麟：

维修工掘金车联网

1991 年正月初六，贺鹏麟离开湖南老家来到深圳八卦岭，当修车学徒工。那年他刚 19 岁，父母双亡，仅有初中文化水平，能够靠手艺混口饭吃就是他最大的梦想。

贺鹏麟在深圳度过了最难忘的青春时光，把智慧和才华奉献给了自己深深热爱的汽车维修行业，并且有幸进入车联网行业，创办了深圳智慧车联科技有限公司（简称"智慧车联"），美好的人生画卷在他面前徐徐展开。

| 从学徒工到深圳市技术能手

1971 年 10 月，湖南娄底一家农户迎来了第三个小孩，父母给他取名"贺鹏麟"。这是一个十分贫穷的农村家庭，务农的父母要维持四个小孩的生活已非常不易，孩子们从小学开始就在家附近的水泥厂做搬运工，挣学杂费。

"我现在还清楚记得，10 岁生日前夕，最大的愿望就是生日那天能吃上五个鸡蛋。"贺鹏麟回忆。可是在他 11 岁的时候，父亲病逝了，没几年母亲也病逝了。贺鹏麟和哥哥、姐姐只好辍学，在水泥厂打工，只有弟弟还在继续读初中。

当时，同村的一些年轻人到深圳打工，告诉贺鹏麟深圳经济特区正在

贺鹏麟团队正在讨论技术问题

搞建设，到处缺人手，只要肯吃苦，每月能挣上千元。于是，1991年春节刚过，贺鹏麟就满怀梦想来到了深圳。

贺鹏麟的第一份工作是在深圳八卦岭兴海修理厂当学徒工，每天给修车师傅打下手。在同事下班后，他会把车上的零部件拆下来又安回去，反复琢磨修车技术。

"我的文化水平较低，当时深圳的进口车很多，维修资料都是外文的，我根本看不懂，中文维修资料又很缺乏，所以我到深圳的头三年修车水平很差，在一个修车厂只干几个月就会被老板炒鱿鱼，生活也无着落。"失业的贺鹏麟没有宿舍住，晚上常常只能找个修车厂住在车里打个盹，蚊虫很多，炎热无比。

贺鹏麟深知，要改变这样的窘迫命运，只有一个办法，那就是只有比别人付出更多，更加勤奋，学到过硬的手艺。有一天，下着特大暴雨，修车厂接到一个客户电话，说车坏在了布心路上。贺鹏麟二话没说，冒雨赶到了客户那边，看见一辆装满货物的小货车坏在路边。他立即爬到车下，修了一个多小时，排除了故障，货车终于可以开动了。而此时一身泥水的贺鹏麟早忘记已经错过吃饭时间。"很多苦活、累活，别的修理工不愿意做的，我都主动去承担，我觉得这恰恰是提高修车技术的最好机会。"

他一边在打工的时候跟资深修车师傅多学艺，一边留意社会上的汽车维修培训机会，想通过学习提高专业水平。1996年，贺鹏麟花了几百元在新永通汽车维修培训中心考了一个"汽车维修上岗证"，1997年又在华日汽车培训中心接受了中、高级培训。自从修车技术有明显长进之后，贺鹏麟的收入也水涨船高，生活终于逐渐稳定下来。

2003年6月，贺鹏麟进入深圳市元征科技股份有限公司（简称"元征科技"）当技术支持工程师，月薪4000元。"元征科技是研发专业汽车诊断设备的公司，平时要跟维修厂合作，我正好有机会接触到不同类型的车辆，而我对各种车辆的疑难杂症十分感兴趣，常常在工作之余为修车厂提供修车服务。"勤劳刻苦的贺鹏麟在日积月累中练就了过硬的修车技能。

2005年，深圳市劳动和社会保障局、深圳市交通局联合举办"汽车维修企业技术竞赛暨汽车维修技师职业技能竞赛"，包括理论考试、实操考试两部分。全市有3000多名汽车维修工报名参赛。贺鹏麟凭借熟练的修车技能，在决赛中勇夺总分第一名和汽车电工第一名，获得"深圳市技术能手"荣誉称号。

贺鹏麟说："获奖之后，我有意想不到的收获，一些修车厂遇到疑难杂症会找我帮忙，我还被请去做培训讲课。同时，找我来买元征汽车诊断设备的人也多了。因此，各种收入算下来，我一个月可以挣两三万元。"

2003 年 6 月到 2016 年 1 月，贺鹏麟所在的技师培训队伍在全国各地共主办"汽车电控系统维修技巧"培训 100 多场次，总计培训汽车维修工 8000 多人次，指导 30 个高级汽车维修工进行论文编写，其中 12 人已经顺利通过考试，获得了技师和高级技师证书。

除了分享自己的修车经验，贺鹏麟还不断地提高自身文化水平。贺鹏麟 2007 年在湖北汽车工业学院修读了汽车技术服务工程专业的大专课程，2010 年修读车辆工程专业的本科课程，文化水平有了很大的提升，并且通过四年的学习，顺利通过车辆工程专业的本科考试，获得了本科文凭。

| 迈出创业第一步

技艺精湛的贺鹏麟声名远扬，自然而然吸引了一些汽车贸易公司老板的关注。

2009 年 12 月，汇天源汽车贸易有限公司（简称"汇天源"）负责人打电话给贺鹏麟，咨询他能否开发出汽车远程诊断设备。原来，汽车 4S 店为了给顾客提供更加贴心的服务，需要掌握汽车行驶里程数，远程诊断汽车故障。贺鹏麟告诉他，这是一个技术创新项目，在汽车诊断模块上加一个通信模块，就可以实现远程诊断。这名负责人建议贺鹏麟瞄准这个技术方向创业，产品由汇天源来销售。

贺鹏麟回家后琢磨起来，修车的人一般文化水平不高，跳槽也不容易，年纪大了干不动了，就只能回老家去养老。如果能抓住机会创业，也许可以改变命运。于是，他在 2009 年年底创办了深圳市鹏奥达科技有限公司（简称"鹏奥达"），专门研发远程诊断模块。2010 年 6 月，鹏奥达成功研发出远程诊断模块，由汇天源销售。

由贺鹏麟带领开发的汽车OBD[1]远程诊断项目，在国内车联网行业为首创，引领了中国汽车后市场产业的革命。

2011年年初，专门给一汽做远程诊断服务的北京智信通因为遇到一个技术难题，找到贺鹏麟。贺鹏麟花了两个多月时间解决了这个难题。北京智信通因此每个月给初创的鹏奥达支付技术服务费。贺鹏麟的创业渐渐进入佳境。

2012年，国内车联网概念火起来，贺鹏麟的业务也成倍增长，一年收入有700多万元。

贺鹏麟盛赞深圳市的人才和科技扶持政策："我每次创业都得到政府相关的资助，比如，2010年获得高技能人才技改项目补贴8万多元，2013年获得深圳市科创委的100万元研发资助，也得到福田区科创局的研发资助。我是一名最普通的维修工，凭借修车技能在这座城市得到社会尊重，还能获得政府给予的各种扶持，这在国内其他城市是不可想象的。"

这真是一个最好的创业时代

2013年9月，贺鹏麟把鹏奥达卖给了老东家元征科技，开始琢磨新的创业方向。

2015年4月，贺鹏麟在龙岗区成立深圳智慧车联科技有限公司，主要致力于汽车安全驾驶行为的监测和自动刹车技术的研发。贺鹏麟认为，针对货运车辆进行技术改造，可以把货运车辆造成的交通事故大大减少。他

---

[1] 车载诊断系统（on-board diagnostic）。

组织研发力量，开发了汽车主动安全系统和车辆自动紧急制动装置（AEB）。

AEB可以在检测到即将发生追尾危险时，例如当驾驶员不采取刹车动作或者刹车力量不足，就会协助驾驶员进行制动，从而减少或避免事故的发生。根据欧盟新车认证中心分析，AEB能在现实世界减少38%的追尾事故，将显著提升驾驶的安全性。与国外相比，我国AEB刚刚起步，贺鹏麟就是瞄准这样一项前沿技术进行攻关。

同时，智慧车联在汽车安全及尾气治理、监测与控制方面投入了大量的人力与物力进行研究，取得了重大科研成果。其中，《远程汽车尾气排放检测装置、方法及汽车》于2015年获得国家知识产权局的发明专利授权。迄今，智慧车联已有发明专利20余项、实用新型专利30项、国际PCT[1]专利2项、软件著作权6项。

最让贺鹏麟高兴的是，深圳市鼓励创新创业，他的创意有了应用和改进的机会。在深圳市龙岗区组织部的牵线下，智慧车联目前已与东部公交、巴士集团、西部公交达成协议，将在500多辆大巴上安装安全行车监测系统。东部公交安全部总经理何金培说，截至2018年6月底，已经有170多辆大巴安装了智慧车联的安全行车监测系统，对司机驾驶时抽烟、打电话等违章行为可以实现全程监控，并能自动提醒，这对于促进大巴安全行驶发挥了非常好的效果。

2018年6月5日，中央电视台第四套《走遍中国》栏目专题报道了贺鹏麟带头研发的汽车主动安全系统和自动刹车AEB产品，认为贺鹏麟的科研成果的转换与应用，将在很大程度上减少重特大交通事故的发生，尽量避免人员伤亡惨剧。节目播出之后，贺鹏麟名声大噪，甚至还有泰国、哈

---

[1]《专利合作条约》（Patent Cooperation Treaty）。

萨克斯坦等国家客商慕名而来，寻求合作。

常年从事汽车维修工作给贺鹏麟留下了严重的胃病。即便如此，他对汽车维修仍深爱不已。他说："我非常喜欢汽车维修，做事的时候不计利益，只要给人修好了车，就能带给我满足感。我如今创业可以让更多车辆通过技术改造实现安全驾驶，减少交通事故，这对社会非常有意义。2016年3月，智慧车联搬到龙岗区软件小镇，最初他们免费提供了20多平方米的孵化场地，推荐媒体来报道创新成果。龙岗区委组织部领导还亲自帮我们对接了泥头车协会、交警大队等资源，推进创新产品的落地应用。这真是一个最好的创业时代！"

吃苦就是吃补

对缺资金、缺人脉的打工仔和大学生创业者来说，能吃苦是创业的必备条件。就如吴勇谋所说，"吃苦就是吃补"。

那么，如何才能把"苦"转化为"补"呢？吴勇谋、贺鹏麟、常琳的创业经历给了我们很好的启示。

第一，要苦学专业知识和专业技能，积累各种经验。这在吴勇谋、贺鹏麟身上尤其突出。论学历，论出身，他俩都处于劣势，甚至曾经生活在底层。他们很清楚自己的短板，但怀着最朴素的愿望珍惜每一个来之不易的学习机会，一方面苦练本领，锻炼技能，另一方面努力提高文化水平，学习更先进的专业知识。可以说，创业基础就是在这种"苦"环境中一点一点"补"牢和夯实的。

第二，要苦练市场把控能力，培养灵敏的市场嗅觉。常琳认为，最难的事情，就是把技术优势变成符合市场需求的产品优势。乐聚机器人经历过"无人理解"之苦，最终从大疆无人机那里获得了启示，发现自身技术优势和市场的需求点，从而形成了产品优势。而吴勇谋和"市场"的第一次火花始于同车乘客的一通电话，然后他主动出击，克服了种种困难，获得了创业路上的第一桶金。可以说，创业方向就是在这种"苦其心志，劳其筋骨"中逐渐明晰的。

第三，要苦修应对危机和突发情况的积极心态。就算常琳和创业伙伴都是哈工大的博士，也吃过采购上的大亏，掉进过机器人模具设计方面的许多"坑"。但他们坚强地从"坑"里爬出来，总结教训，完善自身。可以说，创业自信就是在战胜各种跌倒之苦的过程中一步步建立的。

第二章

不爱安逸爱折腾

我从来不把安逸和快乐看作是
生活目的本身——这种伦理基础，
我叫它猪栏的理想。

——爱因斯坦

经过微软、腾讯等著名企业的熏陶，黄鼎隆创办了深圳码隆科技有限公司，屡获国际大奖。

走下大学讲台，刘建伟教授创办了深圳和而泰智能控制股份有限公司，研制智能控制器，并且成功登陆中小企业板。

有了在比亚迪积累的管理经验，张杰夫创办了深圳市依思普林科技有限公司。如今，他的企业已经是国产汽车核心零部件执牛耳者。

从在高校做博士后研究到创办喜荟植物工厂，蒋晶晶这一次转身华丽又成功，在 2016 年"双创周"更是受到国务院总理李克强的接见。

虽然在广东省电力工业局已是高级工程师，林俊君还是选择新的征程，创办了深圳市德厚科技有限公司。

这是一群明明可以安逸地生活和工作的人，却偏偏选择去创业、去折腾。他们的勇气从何而来？他们的动力源自哪里？

是理想。是责任。

是时代。是信心。

"我认为只要你回答了'和谁在一起,做什么
事情',就可以在创业的道路上走得更远,更有信
心。"

黄鼎隆,博士,毕业于清华大学人机交互专业,深圳码隆科技有限公司联合创始人兼 CEO。
深圳市政协委员、深圳市青年联合会委员。曾任职于谷歌、微软、腾讯和猫途鹰。

深圳码隆科技有限公司获得 2014 年中国深圳创新创业大赛总决赛团队组一等奖。

黄鼎隆：

用 AI 技术撬开搜图时代的金矿

2017 年 11 月，深圳码隆科技有限公司（简称"码隆科技"）宣布，已完成 B 轮融资，由软银中国领投。码隆科技是软银中国在中国人工智能领域投资的第一家公司，因此备受瞩目。

《人民日报》曾如此评价码隆科技："中国初创企业的技术在全球舞台上，不再是跟风式的发展，而是引领式的发展。"

｜ 清华"理工男"的幸运

黄鼎隆是名副其实的"理工男"，朴素，低调，务实。

黄鼎隆说，他在清华大学待了九年，从本科读到博士，主攻人因工程与人机交互研究方向。"《道德经》里说：'天下难事，必作于易；天下大事，必作于细。'读博期间，我学会了把一件很难的事情分解成很多件简单的事情，最终把很难的问题解决掉，这是一种让我在日后工作中受益匪浅的能力。我觉得很幸运的一件事情，是博士阶段我能够师从美国工程院院士加弗尔·萨文迪（Gavriel Salvendy）。当时，清华大学聘请他担任工业工程系主任。加弗尔·萨文迪教授是人因工程与人机交互领域泰斗级人物，跟随在他身边可以学到非常前沿的东西。"

人机交互研究，这是一种跨学科的创新，既要研究人，又要研究机器，还要把人和机器结合起来研究。在黄鼎隆看来，把不同领域的东西融合起来创新是非常有意思的。为了追问人和机器如何更好地分工，黄鼎隆进入谷歌实习了一年，专门做用户体验的研究。2008 年，博士毕业后，黄鼎隆进入微软中国工作，在互联网产品运营部门做搜索产品的研发。

"在谷歌的工作经历，让我爱上了互联网行业。在微软工作的五年里，我不仅遇到了后来的创业搭档码特（Matt Scott），而且初次尝到创业的喜悦。"黄鼎隆称自己是个幸运儿，因为他和码特合作开发了一款叫英库（Engkoo）的产品，被《华尔街日报》评为当年"亚洲十大创新技术"，在微软内部获得极大的肯定，至今还是微软必应搜索中的一个重要垂直产品。

| 我们创业起步起得特别好

2012 年，黄鼎隆离开微软，进入腾讯，担任腾讯微博商业产品总监。一年多以后，他再次选择离开，来到全球最大的旅游网站猫途鹰（TripAdvisor）担任中国区产品副总裁。

2014 年春天，黄鼎隆和码特在不定时的聚会交流中，一起看到了一座"金矿"，也就是用 AI 技术实现万物可识别的目的，将文本交互转为视觉交互。黄鼎隆说："人类 80% 的信息获取都是通过视觉，且图片无分国界和语言，所以挖掘图片数据非常有价值，人与计算机的交互方式，可能也会从文本转为以视觉为主。线上线下有这么多图像和视频数据，这就是金矿。以前的技术还挖不出来这个金矿，现在基于深度学习、新的人工智能技术，可以把这个金矿挖出来。我们聊得整晚都睡不着，恨不得马上把东西做

黄鼎隆（右）与码特（左）

出来。"

黄鼎隆是个坐言起行的人,他与码特都看好深圳的硬件产业环境和创业生态,决定把创业地点选在深圳。2014年7月16日,码隆科技正式注册,黄鼎隆意外接到税务局的电话,通知他码隆科技是深圳税务系统中登记注册的第100万家企业。这个新闻,第二天还登上了报纸。接着,黄鼎隆又接到中国深圳创新创业大赛的通知,决定报名参赛。此时的码隆科技成立才一周,可能是规模最小的参赛团队——只有两个人。

"我三岁就随父母到深圳生活,我在深圳中学读完高中,考入清华大学,毕业后都在北京工作,决定创业了才回到深圳。没想到深圳的创业环境这么好,我是抱着试一试的心态参加深创赛的,没想到过五关斩六将,竟然奇迹般地夺得总决赛团队组一等奖。"黄鼎隆话说得很轻松,实际上,他和码特为了在大赛中取得好成绩可是拼尽了全力。他们俩在出租车上、飞机上都在写代码,在家里也通宵达旦地做开发。其他参赛的企业代表都有着成熟的产品和良好的市场业绩,而他们是什么都没有,每轮比赛都会根据评委的反馈,进行迭代开发,到下一轮比赛时呈现更加完善的产品。在一边参加比赛一边完善的过程中,码隆科技的第一代产品逐渐打磨出来,在深创赛复赛中获得96.6分的赛史最高分,随后又在跨六大行业的总决赛中战胜各路强手,获得团队组一等奖。

黄鼎隆确实是个幸运儿。码隆科技在深创赛上一鸣惊人,引来投资商的青睐,达晨创投、远镜创投一共投资1200万元,这是天使轮投资。"加上设计师,我们团队一共才3个人。我们创业起步起得特别好。"

2015年,码隆科技搬入位于北京的微软加速器,这里免费提供办公场地和云服务。在这里孵化的半年里,码隆科技的团队增加到10多个人,并且获得微软创投加速器Demo Day最高人气奖,以第一名的成绩毕业。此后,黄鼎隆将整个团队拉回深圳，进一步推出主打产品 ProductAI [1]，这是全球第一个可实现精准商品识别的人工智能平台。

2016 年，码隆从全国 13000 多家企业中脱颖而出，获得中国大数据峰会大数据大赛全国冠军，并获"云上贵州奖"一等奖 100 万元奖金；获得微软 Azure 黑客马拉松冠军与最佳人工智能先锋奖、亚马逊 AWS 黑客马拉松冠军。2016 年年底，码隆科技还和清华大学成立人工智能联合实验室。

2017 年 7 月初，码隆科技代表中国创新企业出征德国，与来自二十国集团（G20）的优秀青年企业家围绕科技、经济、人文、环境等方面进行了深入的交流与探讨，在科技创新等论坛讨论上分享了各自的突破性成果。在二十国集团峰会期间举行的"创新企业奥林匹克"竞赛中，码隆科技在全球 25 个参赛团队中脱颖而出，获得一等奖。这也意味着中国本土孵化的创新企业即将走向世界舞台。

2017 年 7 月 21 日至 26 日，计算机视觉世界顶级会议 CVPR [2] 在美国夏威夷召开，其间 WebVision 大规模视觉理解全球挑战赛宣布赛果，全球有一百多支队伍参赛，码隆科技以超过第二名 2.5% 准确度的成绩夺冠。

2018 年，码隆科技被达沃斯世界经济论坛评选为"科技先锋"，是唯一上榜的中国企业。

在成绩面前，黄鼎隆清醒而务实，依旧秉持简单高效的原则。他一直没有给自己设独立办公室，很节制地控制人员的增加，团队仍控制在 100 人左右，宁缺毋滥，始终保持灵活性和战斗力。

---

〔1〕一个自助式的人工智能视觉应用平台。

〔2〕国际计算机视觉与模式识别会议。

| 在创业的道路上走得更远、更有信心

资本的嗅觉总是最敏锐的。"想投资我们的人非常多，A 轮有 20 多家投资机构主动找过来，我本来是不想融那么多资金的，但投资商还会提供除了钱之外的其他资源，所以我们选择了 5 家投资商作为 A 轮合作者，由中信建投领投，A 轮融资 6200 万元。"黄鼎隆坦诚地说。

A 轮融资后，黄鼎隆把产品定位改为用 AI 技术服务企业，让传统企业更加智能。"我们对人工智能有自己的理解，那就是真正的人工智能并不在于自己有多智能，而在于能不能让别人的产品变得更智能。ProductAI 不仅帮客户大大节省了人力物力，同时更有助于传统企业实现更高效率、更高质量的现代化运营。"

投资商除了看中码隆科技的技术创新实力，还看中其中西合璧的创业团队。黄鼎隆是清华大学人机交互博士，另一位联合创始人兼首席技术官（CTO）码特是美国波士顿大学的高才生，曾任微软亚洲研究院高级研发主管，拥有 40 多个中美专利技术，18 个微软技术商业转化成果。码隆科技首席科学家黄伟林是首位从牛津大学视觉几何组（VGG）实验室博士后出站归国的科学家。这个团队中 70% 是研发人员，主要来自微软、谷歌、腾讯、百度等公司，擅长计算机视觉、机器学习领域研发产品化。

"我认为只要你回答了'和谁在一起，做什么事情'，就可以在创业的道路上走得更远、更有信心。我们创始团队中有多名在微软工作期间从事英库和必应产品开发的同事，当时项目结束后，大家都各奔东西，去了不同的大公司工作。当码隆科技成立后，这些人又因为共同的创业目标聚首在深圳。"黄鼎隆称他们之间曾经结下了深厚的战斗友谊，所以在创业过程中配合更加默契、愉快。黄鼎隆和码特产生分歧时，就到公司楼下玩

棒球，在球不停地投出、接住的过程中，一个个问题得以充分讨论，并最终解决。

软银中国管理合伙人宋安澜曾对媒体说："码隆科技作为杰出人工智能技术商业化推动者，拥有巨大的发展潜力。"黄鼎隆说："软银在全球AI领域有很大的投资和布局，对我们拓展国际市场很有帮助。"

| 只要我坚持，就能成功

与多数中国创业公司从东南亚起步的出海路径不同，码隆科技首先选择的是人力成本最高的欧美日等发达国家和地区。在发达国家和地区市场，码隆科技的打法是自上而下，从行业巨头开始攻克。

"这些区域的人工非常高，因此对节省人力的需求最为迫切，"黄鼎隆分析，"我们现在更注重寻找战略性客户，不纯粹以收入为目的。谁有数据，谁有足够深的行业洞察，谁能在某个层面和我们达成战略合作，这最重要。"

一次，美国一家传统行业的公司找到码隆科技，该公司没有互联网基础设施，如果直接提供人工智能算法，客户没法使用。码特花了一个星期时间，带着团队做出了硬件设计方案，在深圳找到技术提供商，通过3D打印等方式，把样机做出来。客户拿到样机，直接部署到本地场景里，不需要追加投资搭建一个大数据部门。

2017年年初，码隆科技与中国纺织信息中心、国家纺织产品开发中心合作，共同发布了基于人工智能图像识别技术全球首份通过大数据信息提取生成的时尚色彩研究报告。报告对2016年春夏、2016年秋冬、2017年春夏2万多张各大品牌秀场图片中的服饰进行色彩提取、识别、整理，生成统计分析结果，预测2018年春夏的关键色彩。

2015 年 9 月，码隆科技以第一名的成绩从微软创投加速器毕业

2018 年 4 月 12 日召开的亿邦智能商业大会上，黄鼎隆展示了码隆科技智能货柜纯视觉商品识别解决方案的小样。在舞台上，他摆出一个简易货柜，架上一个普通摄像头，1 分钟便把普通货柜改造成智能货柜。现场立刻可以调用 ProductAI 平台[1]的商品识别服务，展示实时视觉购物和智能上货的功能。这一解决方案兼顾解决了新零售场景内经营方运营与消费者购物的实际痛点，即零售商超的运营者无须定向采购设备即可轻松上货，智能盘点商品并降低货损率，而消费者只须完成"扫码打开柜门、取出商品、关上柜门"简单三步即可完成购买。

黄鼎隆并不满足用人工智能商品识别平台 ProductAI 赋能所取得的成绩，他心中还有一幅更宏大的蓝图："我要做人工智能和实体经济的结合。

在实体经济里,世界的运作围绕着各种商品,包括商品的设计、管理、交易等。我相信只要我坚持,就能成功。"

"创业者一定要有一种精神，就是甘当苦行僧，这是创业者应有的底蕴。"

刘建伟，教授，深圳和而泰智能控制股份有限公司董事长、总经理。曾任教于哈尔滨工业大学航天学院、深圳研究生院。

刘建伟：

和而泰"掌门人"创业历程

卧室里的睡眠监测器可以实时监测用户的心率、呼吸等情况；止鼾枕头可以自主启动内置气囊改善入睡者的打鼾情况；化妆镜能够实时监测用户的皮肤状态，并给出贴心的护肤方案；智能马桶能分析尿液的生理参数，并把最优饮食方案直接下达到智能厨房系统……

这不是科幻电影的情节，这是深圳和而泰智能控制股份有限公司（简称"和而泰"）的智能家居生态圈最新成果。和而泰的"掌门人"刘建伟说："这样的人工智能起居生活，在不久的将来就会变成现实。"

刘建伟曾在高校任教多年，他认为"大数据对人类社会的改变会非常大，可以说是颠覆性的"，并将此当作人生的二次创业。

｜下海，就是想干点实事

1999年，在深圳举行的第一届中国国际高新技术成果交易会（简称"高交会"）上，清华大学和哈尔滨工业大学签约投资兴建深圳和而泰智能控制股份有限公司，哈尔滨工业大学航天学院自动控制系教授刘建伟担任总经理。

刘建伟回忆起创业初期的情形，说："那个时候，我们是一支'三缺'

和而泰在光明区的智能控制器研发、生产工业园

队伍，缺钱、缺人、缺管理，不缺的就是技术与信心。我们当时团队有几十人，哈尔滨工业大学的老师、学生和社会招聘来的员工各占1/3。我们当时定位是做控制器行业的'领头羊'，第一个客户就是海尔。2000年，海尔是国内家电的老大，我们花一个月时间给海尔开发了网络家电智能控制器产品，结果一炮打响，受到海尔最高管理层的重视。和而泰成立第二年，海尔电冰箱控制器的开发任务也拿了下来，公司一年销售收入超过3000万元。"

此前，刘建伟曾经在哈尔滨工业大学任教十年，到深圳创业后，他仍然是哈尔滨工业大学的教授，坚持一边经营企业，一边培养硕士研究生。创业与单纯的教书育人还是有很大的区别。作为创业者，刘建伟要面对复杂的市场环境、团队管理、成本控制，各种问题都需要亲自去解决。

刘建伟说："我当初下海，就是想干点实事，为家电产业提供核心关键技术。智能控制器实际上是一个计算机，是指独立完成某一类特定功能的计算机单元，在家电等整机产品中扮演'心脏'与'大脑'的角色。"

在刘建伟眼里，选择了创业的道路，就肩负起一份沉甸甸的责任，不能再留恋做大学教授时"朝九晚五"的安逸生活，必须勇敢面对各种挑战，迎难而上。当时，海尔给和而泰下了控制器采购订单，但和而泰并没有自己的工厂，必须在深圳周边找到优质的代工厂进行生产。为了保证产品质量并按时交货，刘建伟住到工厂里，无日无夜加班是家常便饭。

在海尔、科龙、美的等国内知名家电企业纷纷成为和而泰的客户之后，刘建伟把目光瞄准了世界五百强企业伊莱克斯，凭借过硬的技术实力成功地打入其供应链。

刘建伟说，深圳的创业环境非常好，一方面，政府部门想方设法为创业者提供各种支撑和服务；另一方面，深圳的创投资金活跃程度在国内首屈一指。最初几年，和而泰发展很缺资金，因为销售额每年增长迅猛，生产环节需要大量流动资金。2003 年，达晨创投投资了 600 万元，还借了一大笔钱给和而泰作为周转资金。这一年，和而泰全年销售额突破 1 亿元。

| 把握机遇，坚守高端定位

随着电子信息技术的发展，家庭用品领域的终端产品对智能控制器的需求不断增长。和而泰结合自身优势，把握住智能控制器行业产业转移的机遇，坚持实施高端技术、高端市场、高端客户的经营定位，惠而浦、西门子、通用电气、亨特、赛博等全球著名企业陆续成为和而泰的客户。

刘建伟说，2010 年 5 月，和而泰成功登陆中小板。上市之后，他不得不舍弃大学教授的身份，全身心扑在企业经营上。

因为上市，和而泰拥有更丰富的资源，企业经营的外部条件更好了，研发、技术、市场、客户、精益生产等方面在行业中具有明显优势：在客户资源方面，客户群是全球顶尖的家电生产商，对产品性能要求都非常高；在研发能力方面，截至 2018 年年初，和而泰累计申请专利近 900 件，技术创新能力和技术影响力已经稳居行业前列。

凭借资本市场的助力，和而泰快马加鞭，获得一项又一项的殊荣：广东省知识产权示范企业、深圳市重点软件企业、深圳市专利奖、伊莱克斯

和而泰在深圳市南山区科技园搭建的 C-Life 智慧家庭展厅

全球卓越供应商奖、深圳物联领军企业……但刘建伟并没有迷失方向，他仍然早上七点多就赶到公司上班，仍然习惯拎着行李箱独自到全国各地出差。

刘建伟认为，物联网与大数据的结合，将给行业带来深层次改变和发展。在夯实主业的基础上，和而泰希望通过外延并购及切入其他领域的方式来谋求非线性的发展，倾向于围绕主业选择合适的标的，进行战略性投资。

2018 年 5 月，和而泰宣布以自有资金 6.24 亿元收购铖昌科技 80% 的股权，引起了市场的广泛关注。说到与铖昌科技的缘分，刘建伟坦言，从心动到行动只经历短短几个月时间。"和而泰作为一家智能控制器公司，很早就已经有切入上游，即 IC [1] 领域的想法，而铖昌科技在 IC 领域有很强的优势，这对和而泰的控制器业务是一个有效的延伸。"

刘建伟说，此次并购意味着和而泰的产业布局向控制器上游延伸，成

---

〔1〕集成电路（integrated circuit）。

为控制器行业非常少见的可掌握 IC 设计和技术的公司。并购对于和而泰自身的物联网、大数据及控制器等主业都将起到非常大的促进和帮助作用。

无论家庭用品领域如何日新月异，和而泰依然坚守高端市场定位，不断提升市场占有率和行业影响力。

| 领航控制产业，创造美好生活

在和而泰 C-Life 平台上，不同品牌、不同行业的设备都完美地实现了互联互通，真正实现了和而泰所倡导的"生活本应如此"的理念。

刘建伟说："一切才刚刚开始，人们不可能拒绝这个伟大时代的到来。"

随着中国消费升级与物联网产业深入推进，家电、家居等设备智能化和联网化的要求不断提高。和而泰依托核心大数据、技术领先优势以及服务全球高端客户的行业积淀，从 2014 年开始布局物联网大数据平台 C-Life，迄今已经发展到 3.0 版本。按照刘建伟的定位，C-Life 将汇聚和而泰近二十年来专注家电智能化所积累的产业经验，并结合自身在家庭生活场景数据交互领域的优势，打造物联网以及大数据时代的社会运行核心支撑平台。未来的 C-Life 将是资源整合平台、集合服务平台和价值分享平台。

刘建伟认为，随着社会的发展和物联网的逐渐普及，未来将是一个强交互的时代，人和人、人和物、物和物都需要沟通，并且这种沟通不是表层的，而是基于深度计算、深度逻辑和思考。要想实现这样的沟通，需要一个运行核心平台。"数据是重要资产，所有硬件采集到的数据，后台会进行人工综合分析计算，得到一个立体多维度的数据。当我们后台的数据量达到一定级别的时候，我们会建立一个大数据模型，进行数据分析整合，以及后续的利用，提供给各个行业来做大数据的解决方案。因此，后台对数据的深度处理、分析与计算是产生效益的关键。"

刘建伟这样描述 C-Life 大数据平台："C-Life 将以大数据库为媒介，连接平台上的一切价值单元和要素，并以未来家庭大数据为内核形成场景闭环，辐射并服务于全产业价值链。"

目前，C-Life 大数据平台已经实现了跨服务场景、跨品牌、跨设备的互联互通。"在这个平台上，企业可以实现海量数据收集、存储以及计算，并通过场景建模及特征处理、机器学习模型训练等人工智能技术，快速搭建物联网大数据运营系统。家庭行业的大数据平台，一定是公用平台，是属于第三方平台，不适合做专有的。设备厂商不适合自己做平台，因为存在竞争关系，只能管自己的设备，只有自己品牌的数据，不能把所有设备来打通。和而泰作为专业的第三方，不做整机，不会和品牌厂商形成竞争关系，还可以与更多的厂商、经销商广泛合作。"

和而泰发布的 C-Life 3.0 版本，合作伙伴已包括浙江电信、海尔、国美、阿里巴巴、华为、华润、惠而浦、百果园、平度市政府等。

目前，和而泰已建立睡眠、美容、饮食、婴幼儿监护等众多家庭服务应用场景；在产业方面，已与制造、医院、酒店、美容、养老等各行业开展了基于人工智能广泛的合作，已经得到应用并取得初步成果，在服务产业上开辟了全新的人工智能产业应用方向。

和而泰的成功案例中，和中国电信的合作是值得浓墨重彩书写的。中国电信本身具备优秀的网络通信能力、市场销售能力、用户运营能力、资源协同能力和强大的品牌效应，再结合和而泰的数据规划、数据采集、人工智能计算、智能硬件研究开发与产业化、数据生态服务能力，从而形成完善而稳固的大数据与物联网产业价值链。"和而泰和中国电信的合作不仅仅在智能家居方面。我们会联合电信做整个物联网的平台，包括智慧家庭场景设计及硬件推广、NB-IoT[1]技术和产品推广、智慧校园、智慧公寓、智慧水务、智慧用水、智慧养老、智慧医疗及智慧政务等多个领域。具体分工计划：和而泰做底层智能硬件、顶端计算能力研发；中国电信做中间的销售和服务。"

刘建伟说："和而泰的目标是领航控制产业，创造美好生活，将C-Life打造成一个社会运行核心支撑平台。"

和而泰已经成为智能控制器行业的龙头企业，现在要做的就是利用新业务人工智能大数据平台将数据打通，服务好家庭端、产业端、商贸端等，成为能够服务全社会的一个大数据平台，实现改善民众生活的愿景。

人生就像舞台，不到谢幕，永远不知道自己有多精彩。从大学讲台到下海创业，刘建伟一直非常低调，他从不认为创业的目的仅仅是为了赚钱和出名，他认为创业者需要一种精神，需要勇于担负责任，需要坚持对梦想的执着追求，不能像明星那样享受镁光灯的聚焦。他说："创业其实是一场马拉松，需要一股韧劲和顽强的坚持。创业者一定要有一种精神，就是甘当苦行僧，这是创业者应有的底蕴。"

---

[1] 窄带物联网。

"企业发展靠创新，而创新肯定不能只靠一两个人，必须依靠团队中的每一个人。"

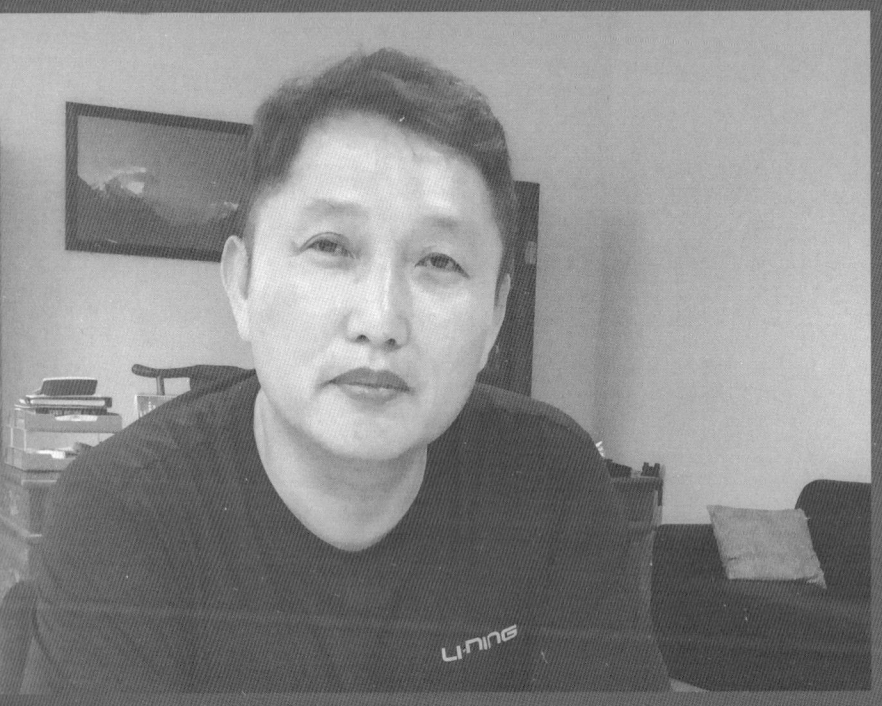

张杰夫，深圳市依思普林科技有限公司董事长。曾任职于比亚迪。

深圳市依思普林科技有限公司获 2014 年中国深圳创新创业大赛优秀奖、2017 年中国创新创业大赛（国家赛）新能源行业总决赛成长组一等奖、2017 年深圳龙岗区"启迪杯"创新创业大赛企业组三等奖。

张杰夫：

国产汽车核心零部件执牛耳者

张杰夫是一位罕见的创业者，他抛弃了二十四年的国有企业高级工程师的舒适生活，离开奋斗了三年的比亚迪高管岗位，在创业道路上越干越欢，带领深圳市依思普林科技有限公司（简称"依思普林"）获得2014年中国深圳创新创业大赛优秀奖、2017年中国创新创业大赛（国家赛）新能源行业总决赛成长组一等奖等荣誉，并且获得4轮风险投资。年过五旬的他，满头青丝，语调悠然，创业在他眼里已经成为一种更高层次的修炼。

| 比亚迪的橄榄枝

2008年，张杰夫接到一份来自比亚迪的聘书，于是毅然辞掉了江西一家国有企业研发部经理的职务，南下深圳加入比亚迪。

那时，张杰夫已过不惑之年，在国有企业工作了二十四年，取得一系列出色的科研成果，在行业内也声名远扬。毕业于南昌大学半导体专业的张杰夫，一直从事电力电子产品研究和产业化工作，是20世纪80年代末国内首次研发快速晶闸管的科技人员，并顺利完成了德国AEG公司快速晶闸管T290、T520国产化替代工作，满足了东风汽车铸造厂、锻造厂以及武汉钢铁公司、马鞍山钢铁公司等骨干厂的产品需求，完全替代进口，为国家节省了大量外汇，并推动国家功率电力电子技术赶上国外同期水平。

为什么比亚迪会向张杰夫伸出橄榄枝呢？

原来，比亚迪在 2008 年计划组建国内第一家汽车 IGBT[1] 模块设计及产业化工厂，专门聘请张杰夫担任厂长一职。IGBT 模块为汽车控制器的核心部件，占控制器成本的 40% 左右，长期被德国英飞凌和日本富士、三菱等几家公司垄断，随着国内新能源汽车产量剧增，将面临加价、缺货、交期长等市场风险，比亚迪希望自己能研制生产 IGBT 模块，不受制于跨国企业。

"我刚到比亚迪时，感觉这里跟内地国企相比太不一样了，平台不一样，投入不一样，合作伙伴也不一样。我就像刘姥姥进大观园，对这里的一切都感觉非常新鲜，自己也变得年轻而充满干劲，把在比亚迪做厂长当作登上了人生最光彩照人的舞台。我尽情地投入精力，释放才华，可以说，那三年就如海绵一样吸收着丰富的养分。我既要组建团队、引导研发、寻找市场突破口，又要学习公司经营管理和组织架构、流程梳理、知识产权保护体系等。"

张杰夫对建设新工厂全身心投入，换来了累累硕果。那三年，张杰夫以厂为家，组建了一支数百人的技术团队，完成汽车级 IGBT 模块厂的生产线规划，以及工艺路线、产品设计、生产标准及产品标准测试制订工作。后来，他还带领团队开发了技术含量很高的双离合器控制模块。

---

[1] 绝缘栅双极型晶体管。

｜五根手指头，只有捏成拳头才有力量

企业的命运总是充满变数。2011年，比亚迪的发展遇到了瓶颈，电动汽车市场也看不见前途。比亚迪内部对各个项目都进行裁员，张杰夫所在的工厂也要裁掉一批员工。这时，张杰夫坐不住了，他知道这些宝贵的技术骨干一旦离职，散落到各地，就没有价值了，必须挽留核心技术骨干。

"就好比五根手指头，只有捏成拳头才有力量啊！留在比亚迪已不现实，唯有自己创业，带团队另起炉灶，才能把这些同甘共苦三年的骨干聚集在一处。"张杰夫把创业的想法告诉了妻子和朋友，得到大力支持。他的爱人卖掉了一套房子，朋友入股200万元，一共凑了650万元。2012年9月，张杰夫与从比亚迪辞职出来的几位核心技术骨干，在龙岗留学生产业园成立了深圳市依思普林科技有限公司，瞄准电动汽车的IGBT模块产业化开始创业。

一家初创企业要想在激烈竞争中活下来，一定要对市场需求有很敏锐的捕捉能力，并用创新技术满足市场的需求。张杰夫就是个很好的舵手，他有猎犬一样敏锐的嗅觉，对细分市场的判断极为准确。

"比亚迪研制生产的IGBT模块只供自己的电动汽车使用。国内很多电动汽车厂家也需要IGBT模块，只能采购国外的产品。而洋品牌对国内很多细分市场的具体需求并不了解，比如，国内有数量众多的电动物流车、微型面包车等车型，如果我们研制性价比更高的IGBT模块，肯定就能打开市场。问题是车型这么多，先针对哪个车型研制相应的产品呢？我们刚创立之时，国内电动汽车市场并不景气，我就选了电动大巴市场这个细分市场作为突破口。因为大城市污染日益严重，节能环保是大势所趋。加上国内的公交公司是国有企业，公交线路可控，发展电动大巴应该是各地政府

都会大力支持的方向。因此依思普林就瞄准电动大巴 IGBT 模块进行研发，这个是我们规划的第一款产品。"张杰夫介绍。依思普林成立后，致力于技术创新工作，在全球第一个推出电动大巴 IGBT 模块并获得实用新型专利。这款电动大巴 IGBT 模块成功将外资品牌从五洲龙公司供应商名单中挤出去，让依思普林在电动大巴市场上站稳了脚跟。

细分领域的发展并不是齐头并进的，而是有先有后，创业者要准确判断细分领域的爆发时间点，再提前进行技术创新和产品布局，这样才能踩稳节拍。张杰夫再次准确预测城市物流车会在 2013 年兴起，并且在 2014 年设计推出城市电动物流车 IGBT 模块产品，获得 PCT 国际发明专利。利用该产品，依思普林在城市物流车领域的市场占有率一度超过 20%。

依思普林 2016 年独创电动汽车动力总成 IGBT 模块，2018 年在国内首家完成电动汽车动力总成产品的研发及产业化。"这个产品可以说是我们的拳头产品，至少三年可以横扫国内电动汽车市场。"张杰夫细数动力总成产品的优点：高度集成、低成本、可靠性高、易安装、高功率密度。

张杰夫分析道："我们提出用技术换市场，也就是说，针对整车厂希望在零部件和售后环节挣钱，我们只要开放出底层技术，跟整车厂深入合作，就可以迅速打开市场。我们的动力总成产品在整车成本控制上有明显优势，通过结合 IGBT 模块和动力一体化总成方案，可为整车厂带来综合成本效益，如采购成本、制造费用以及设计成本等方面，同时可以通过联合开发、技术共享、方案优化等方式进一步扩大成本下降空间。这对整车厂来说太重要了。因此，我们去年推出这个动力总成产品，立即赢得国内一线电动汽车整车厂的响应，纷纷上门寻求合作。"

| 创新肯定不能只靠一两个人

2014 年 11 月，依思普林参加了 2014 年中国深圳创新创业大赛，获得优秀奖（新能源与节能环保行业），有机会参加全国总决赛。当时全国总决赛是在山东济宁举行，山东红桥投资公司的负责人是评委之一。比赛结束后，红桥投资公司项目经理马上到深圳考察依思普林，不到三周，970 万元的投资款就到位。

"这是我们第一次参加深创赛，没想到就很轻松完成了 A 轮融资。利用这笔资金，我们开发出新的产品，拓展市场。2015 年，国华投资公司对我们进行 B 轮投资，投资 1200 万元。2016 年 4 月，创东方、深圳远志资本、前海睿泽、上市企业沃尔核材 4 家公司联合投资 1.08 亿元，C 轮融资顺利完成。"张杰夫说。

2017 年 2 月，国家发改委发文重点扶持 IGBT 发展。借助政策的东风，以及投资商的资金助力，依思普林在汽车零配件市场上做得风生水起。目前，依思普林是国内唯一拥有 IGBT 模块设计、封测、生产等整套技术的第三方企业，可为整车企业进行定制、高度集成各种 IGBT 模块，装机量已经突破4 万台。

"2017 年是电动汽乘用车市场启动的关键一年，我们针对这个市场开发的电动汽车动力总成产品非常受欢迎。2017 年 4 月，第六届中国创新创业大赛深圳赛区暨第九届中国深圳创新创业大赛开赛，我怀着感恩的心情报名参赛。在深圳赛区比赛的时候，我介绍自己 2014 年首次参加深创赛获得了 A 轮投资，企业得到长足发展，因此要来再次参赛，把最好的研发成果——电动汽车动力总成产品带给大赛表示感恩。没想到，我又一次获得代表深圳企业参加全国总决赛的机会。我当时想，这次就不是冲着获奖来

2018 年 5 月，依思普林参加在上海举办的中国首届自主品牌博览会

参赛的，所以决赛的时候，我只身一人来到山东德州决赛现场。令我无比意外的是，依思普林竟然荣获中国创新创业大赛新能源节能环保行业一等奖。"张杰夫说。

此次获奖，依思普林立即吸引了全国一线投资商的目光。张杰夫有自己的谋划："之前，我们融资三轮，选择的机会不够多，现在我们就有话语权了。我想引入产业资本，看投资商对公司的市场拓展、治理等方面是否有帮助，这样就可以借第四轮融资站在更高的平台上整合资源。"

2018 年 5 月，依思普林完成 D 轮融资。上亿元的资金用来做什么呢？张杰夫有更远大的目标。一方面，要上马芯片的研发生产。依思普林自主研发的 IGBT 芯片已经开始进入小批量生产阶段，如此，不但可以提升依思普林电机控制器和动力总成产品的核心竞争力，也必将成为国家新能源汽车核心零部件中的明星产品。另一方面，依思普林针对国际上电动汽车核心零部件的难题——轻混合动力汽车 IGBT 模块——展开研发，整套系统控制在 6000 元以内。这个产品一旦研制成功，将在国内外电动汽车市场上独领风骚。

张杰夫对获奖、融资并不得意，他最愿意聊的是企业管理："我们现在有 140 多人的团队，有员工持股平台，对主管以上的员工都有股权激励，员工稳定性很好。企业发展靠创新，而创新肯定不能只靠一两个人，必须依靠团队中的每一个人。我觉得要为员工搭建一个做事业的平台，大家在依思普林这个平台上为电动汽车产业贡献各自的聪明才智，每个员工也要能分享到企业成长的实惠，这样才能形成多赢的创业格局。"

———

"创业，需要找到三观一致、能力互补的伙伴，
组建一支有战斗力和凝聚力的队伍，围绕共同的目
标奋斗。"

蒋晶晶，博士，毕业于浙江大学蔬菜学专业，喜萃植物工厂创始人兼 CEO。国家智慧植物工
厂创新联盟常任主席、深圳市设施农业协会副会长。曾任香港中文大学深圳研究院农业与生物
技术国家重点实验室博士后和副研究员。
-
喜萃植物工厂获 2017 年中国深圳创新创业大赛生物与生命健康行业决赛企业组二等奖、
2017 年深圳龙岗区"启迪杯"创新创业大赛企业三等奖。

蒋晶晶：

种菜女博士圆了创业梦

　　每天，深圳华润高端超市 Ole' 的果蔬区，喜萃植物工厂的蔬菜虽然价格不菲，但仍供不应求，属于爆品。这些蔬菜是在全环控人工光条件下生长的，无施用任何农药，能做到无须清洗、采收即食，最大化保留和还原蔬菜的营养和口感。

　　提到喜萃植物工厂，就不能绕过它的创始人——蔬菜女博士蒋晶晶和她的创业梦。

｜ 女博士的思考与探索

　　2012 年，浙江大学蔬菜学博士蒋晶晶来到深圳，加盟香港中文大学深圳研究院张建华教授的团队，做博士后研究工作。

　　蒋晶晶介绍，当时她的工作任务就是培育蔬菜新品种，一年至少有六个月的时间在田间地头劳作，一个人负责两三亩地的黄瓜、菜心等，需要逐一观察、记录、分析植物生长发育的全过程。夏天，她必须像广东有些地区的农村妇女一样戴着大斗笠，把头颈围得严严实实。

　　"即便如此，我也被太阳晒得皮肤黝黑，"蒋晶晶直爽地说，"在博士后阶段，我才真正体会到农民劳动的不容易，面朝黄土背朝天，真是十

喜萃植物工厂厂房外观

分辛苦。现在越来越多的年轻人不愿意做农村体力活儿，那么，会不会有更好的农业模式呢？在全球人口越来越多、可耕种土地越来越少的情况下，什么样的农业形态可以满足人类对粮食的需求呢？"

蒋晶晶经常思考这些问题，但一时也没有找到很好的解决方法。通过大量接触当地农民，蒋晶晶发现他们的科学种植知识依然十分匮乏，有的农药可能是剧毒，但农民因为不了解有关知识，违反规定使用，这自然会引发人们对食品安全的种种顾虑。那么，是否有一种更安全的种植模式？怎样才能给餐桌供应更安全的食物？

2015 年 4 月，夏语通过朋友联系，在香港中文大学深圳研究院找到了蒋晶晶，给她看了一段视频，内容是关于 2014 年 NASA [1] 科学家及其伙伴将室内人工光植物工厂成功商业化的新闻报道。夏语问蒋晶晶："这个技术可不可行？值不值得在中国尝试？"其实，蒋晶晶对植物工厂关注很久了，虽然国内涉及植物工厂的研究还非常有限，但在美国，早在 1998 年，NASA 就展开了太空植物种植技术研究。2005 年，在南极，科学家在 20 平方米实验室内，成功研发出室内循环种植技术。

蒋晶晶答复夏语，室内人工光植物工厂项目可以做，而且这是未来农业的重要补充形式。于是，夏语邀请蒋晶晶加入团队，作为创始合伙人负责技术支持。蒋晶晶正想学以致用，改变传统农业的局面，所以兴致勃勃地加入了。2015 年 7 月，华星环球（深圳）农业有限公司在深圳成立。

蒋晶晶回忆："我们当时只是有了一个创意，启动项目还缺乏资金。后来我们找到松禾资本董事长厉伟，介绍了自己的创业想法。他们听取了我们的项目实现路径的汇报，很快就答应给我们投资，于是我们拿到千万级天使投资，启动了整个项目。"

｜ 创业起步最难是市场定位

蒋晶晶说："创业对我来说，也是一个学习和成长的机会。创业教会了我很多东西。没有完美的个人，只有完美的团队。创业，需要找到三观一致、能力互补的伙伴，组建一支有战斗力和凝聚力的队伍，围绕共同的目标奋斗。"

---

〔1〕美国国家航空航天局。

确实，蒋晶晶拥有一支战斗力和凝聚力都极强的团队。他们在大鹏租下一座高层旧厂房，改造成一个有12层垂直生长空间的室内全人工光植物工厂，种植面积可达3000平方米，是当时国内第一家大型商业化植物工厂。用了一年多时间，蒋晶晶完成对废旧厂房的改造及植物工厂设备的建造和调试，多种作物多层叠加种植，不用阳光，不用土壤，没有农药、病害，蔬菜可以不受天气因素影响，实现任何时间、任何地点的植物智能化生产。

她说："我们的项目可以理解为电影《火星救援》的现实版，因为我们可以在太空、荒漠、戈壁、海岛、水面、摩天大楼等非可耕地里栽培出蔬菜。"

免洗即食、零营养流失、室内12层立体栽培、全年收成26次……这一切都像是科幻故事中的情节，却被蒋晶晶团队带到我们身边！

蒋晶晶介绍，目前喜萃植物工厂是全球领先的室内全人工光种植基地，通过计算机对植物生长过程中的关键影响因素，例如光照、温度、湿度、营养液成分、二氧化碳浓度实现精准化控制，使植物生长不受自然条件影响，是实现农作物全年连续生产的高效农业方式。

2016年夏天，中融信托公司给予蒋晶晶团队千万级的投资。至此，华星环球（深圳）农业有限公司完成Pre-A轮的融资，资金主要用于市场推广。

资金、技术，都已经不是难题，真正困扰蒋晶晶的是产品的市场定位！

"植物工厂生产出产品了，高端蔬菜非常新鲜可口，我们应该把蔬菜卖到哪里去呢？去菜市场卖菜，还是给酒店、餐厅去上门推销？卖给谁，成了最大的难题。"蒋晶晶于2016年10月收获了植物工厂生产的第一批蔬菜，居然被"卖给谁，怎么卖"的问题难住了。

蒋晶晶留下一小部分蔬菜做测试和检验，其他都送给身边的朋友品尝，收集反馈意见。大家一致认为："蔬菜口感很好，包装不行，看起来不够高大上。"于是，蒋晶晶找到一个优秀的设计团队，对产品进行精心包装，

卖场中的喜萃沙拉蔬菜

突出产品独有的特色——无污染、无农药、免洗即食、零营养流失，创立了自己的品牌——喜萃。

关于产品定价，当时公司内部也有不小的争论。因为市场上已经有无公害和绿色有机类蔬菜，消费者对"室内全人工光种植技术"的优越性并不了解，对植物工厂生产的蔬菜非常陌生。因此，当时有人劝蒋晶晶把蔬菜价格定得稍微低一点，这样有利于产品快速切入市场，蒋晶晶却坚持自己的意见："所谓一分钱一分货，既然我们的产品品质相较于其他产品是有明显优势的，甚至是最好的，那我们的定价也应该是与此相匹配的。"蒋晶晶的态度如此坚决，是因为喜萃植物工厂的生产过程把控、产品质量、百分百零农药、零重金属、免清洗以及 24 小时到店等特点，是目前其他品类的蔬菜都难以达到的。她认为，如果一开始把价格定得低，植物工厂就无法获得应有的利润，也就意味着无法继续扩展这个模式，必须让市场来检验产品是否足够好，价格是否合理。

经过精心准备，蒋晶晶带着团队来到深圳华润高端超市 Ole'，见到果蔬采购总监徐先生。徐先生看到植物工厂的几盒生菜洁净而新鲜，当场决定在他们那里上架，并乐观估计"一定可以成为爆品"。不出所料，喜萃植物工厂的蔬菜顶着"活着的沙拉菜"广告词，在 Ole' 果蔬区高调亮相，很快就被年轻的顾客一抢而空。这样的火爆场面，在后来的"超级物种"新零售商店也出现过。

海南一家超市负责人在深圳看到了喜萃植物工厂出品的蔬菜，打电话直接要求进货到海南超市上架。目前，喜萃植物工厂在大鹏新区官湖 3000 平方米种植面积年产量达 300 吨，目标人群为中高端客户。零售终端产品已经进驻深圳及广州华润高端超市 Ole'、永辉旗下新零售品牌"超级物种"华南地区数家旗舰店，并拓展至港澳地区、珠三角地区及长三角地区的高端餐饮品牌及高端酒店。

"最初，我们不知道蔬菜生产出来后该卖给谁，到今天，蔬菜供不应求，"蒋晶晶微笑着说，"我最骄傲的是，有顾客告诉我，他们是喜萃的忠实粉丝，喜萃是他们吃过的品质最好的沙拉蔬菜！听到这些赞扬我就非常自豪。深圳是一座年轻的城市，消费者对新鲜事物接受程度高，加上深圳毗邻香港、澳门、广州，人口基数很大，如今也有越来越多的消费群体崇尚无添加、健康轻食的生活方式，因此喜萃沙拉蔬菜受到越来越多消费者的喜爱。"

如今，喜萃植物工厂的产品主要包括不同类型沙拉用生菜、宝宝菠菜等叶菜；传统中式叶菜，比如紫青菜、皇帝菜；芽苗菜类，比如苜蓿苗、萝卜苗等；香料类，比如罗勒、薄荷、芝麻菜等；高档新型健康蔬菜，比如冰草等。

| 深圳，只是创业的起点

2016 年 10 月"双创周"，喜萃植物工厂创始人蒋晶晶作为全国五家创业标杆企业负责人之一受到了国务院总理李克强接见。2017 年，喜萃植物工厂获中国深圳创新创业大赛生物与生命健康行业决赛企业组二等奖、深圳龙岗区"启迪杯"创新创业大赛企业三等奖。

蒋晶晶并没有因为频获殊荣而停止前进的脚步。深圳，只是创业的起点。

从深圳到全国，喜萃植物工厂的模式可以进行复制，只要掌握人工光源系统、营养液循环控制系统和环境控制系统，就可以扩大种植面积。蒋晶晶说："这只是我们的第一期目标，未来不仅可以生产高档的蔬菜，还能生产名贵中草药，这是第二、第三期的发展目标。名贵花卉、药物提取等高附加值产物提取等方向是喜萃未来价值提升最大的领域之一。"

蒋晶晶十分关注先进技术在植物工厂的应用，她自信地说："结合人工智能、大数据、云计算、区块链技术，提高植物工厂的自动化和智能化水平，建设无人值守的植物工厂不再遥远。实践证明，植物工厂迎合了国内消费升级的需求，可以提供高端洁净蔬菜，这是未来农业的重要补充，植物工厂在中国一定有非常广阔的市场。"

如今，作为国家智慧植物工厂创新联盟常任主席单位，喜萃植物工厂引领植物工厂产业化进展，并积极推动行业标准发展，是目前国内首家获得全球良好农业规范（Global G.A.P）和中国良好农业规范 (China G.A.P) 的植物工厂，也是唯一获得供港资质认证的植物工厂。

———

"稳定职业者创业的第一步是心态归零，放下身段、架子和面子。"

林俊君，高级工程师，深圳市德厚科技有限公司董事长。曾任职于广东省电力工业局。参与《建筑玻璃用隔热涂料》行业标准、《涂膜隔热玻璃》国家标准的起草与制订。

深圳市德厚科技有限公司获 2009 年中国深圳创新创业大赛企业创新组二等奖。

林俊君:

从深创赛走出的新材料"黑马"

2018 年 5 月，深圳市光明新区的易方大厦被评为"绿色环保大厦"。这座大厦 2 万多平方米的门窗幕墙玻璃采用了深圳市德厚科技有限公司（简称"德厚科技"）生产的隔热涂膜玻璃，隔热效果显著。

德厚科技是 2009 年中国深圳创新创业大赛的获奖企业，它研发的佳德透明隔热玻璃涂料成功解决了玻璃透明和隔热在应用中的难题。其董事长林俊君更是参与了《建筑玻璃用隔热涂料》行业标准、《涂膜隔热玻璃》国家标准的起草与制订。

| 吃一堑，长一智

林俊君大学毕业后分配到广东省电力工业局，后来调到深圳电力工业局，从事技术工作八年。

"那时，在电力工业局做工程师的工作还是很吃香的，工作稳定，工资也高。由于机缘巧合，我接触到了隔热涂料这种新材料，以投资人身份进入这个项目。"林俊君介绍，2008 年恰好遇到南方电网国企改制，一部分人员要分流，当时他投资的项目进展并不顺利，于是毅然辞职下海。面对身份的转变，林俊君并没有迷茫："稳定职业者创业的第一步是心态归零，

2010年高交会上，林俊君接受媒体采访

放下身段、架子和面子。"

2008年8月，他在深圳南山的大学城创业园创办深圳市德厚科技有限公司，致力于透明隔热涂料的研发和产业化。"我找到深圳大学化学与化工学院的教授，委托开发透明隔热涂料，经过半年多夜以继日的开发研究，终于研制出隔热涂料新产品。我喜出望外，虽然从投资人变成了凡事需要亲力亲为的小微企业负责人，但我感觉到节能环保材料的研发是一个可以从事一辈子的事业，毕竟能造福人类啊！"

就这样，林俊君满怀创业的喜悦，一头扎进深不见底的装修市场，没想到"呛了一大口水"。

2008年下半年，龙岗平湖一个地产项目需要上马隔热涂膜玻璃。林俊君立即参与进去，工程结束后，验收却无法通过，几十万元货款也收不回来。他冷静反思，才发现当时隔热玻璃根本没有行业标准，如果用传统的节能玻璃标准来对工程进行验收，肯定是通不过的。创业第一年，林俊君就因为盲目抢市场而交了一大笔"学费"。

"隔热涂膜玻璃材料属于新材料。新材料不是刚性需求，是迭代产品，因此新材料产业需要政府主导，尽快出台相关行业标准、国家标准，这样才有可能迅速打开市场。"林俊君开始琢磨申请专利、参与行业标准和国家标准的制订工作。

随后，德厚科技与深圳大学签订了长期的研发合作协议，致力于纳米透明隔热玻璃涂料的研制与产业化，重点对纳米透明隔热玻璃涂料的制备及应用技术进行研究。研发团队的主要成员亦是公司股东，真正实现了"产学研"一体化的战略发展目标。

到 2009 年年底，创业才一年多，德厚科技已申请聚氨酯 BTO [1] 透明隔热涂料及其制备方法、醇酸树脂玻璃隔热涂料及其制备方法、一种基于纳米光谱选择性氧化物复合浆料的透明隔热涂料、一种氧化锡铋水性光谱选择性纳米涂料及其制备方法、一种玻璃涂膜装置等 5 项专利，以及德厚科技、佳德涂料玻璃隔热涂料、"佳德水晶涂料"隔热玻璃 3 个注册商标。同时，德厚科技已在 BTO 玻璃隔热粉体方面取得重大突破。

| 坚定信心，从深创赛开始

2009 年 11 月，首届中国深圳创新创业大赛拉开帷幕，创业才一年的林俊君勇敢参赛，将纳米透明隔热玻璃涂料带到了赛场，给评委们展示这一神奇的纳米材料。它是一种全透明、高硬度、超隔热保温的液体材料，施工快捷简单，涂膜无毒，具有特强的渗透力，可永久性附着在玻璃表面，是普通玻璃节能升级与达标的极佳选择，可广泛应用于建筑玻璃、汽车玻璃、火车玻璃。

林俊君说："我们奇迹般地获得企业创新组二等奖，而且获得'深圳市创赛一号'基金的 200 万元天使投资。"

林俊君第一次出战创新创业大赛就满载而归，这更坚定了他在节能环保新材料领域继续走下去的信心。

———————

[1] 铋掺杂二氧化锡。

2010 年 11 月 17 日，高交会上德厚科技展台一块看似寻常的透明玻璃引起了多方的注意。林俊君面对深圳电视台等媒体采访时，自豪地介绍："今年 3 月，我们自主研发项目'隔热玻璃涂料'入选深圳市重大项目，我们的纳米材料已经应用于东部华侨城、深圳麒麟山庄、南山图书馆、香港博物馆、莲花大厦等场所的相关设施，发挥了良好的隔热节能效果。"

林俊君说："高交会上一炮打响，证明我选择这个方向创业是对的，在市场上有需求、有价值，得到了大家的认可，我真是非常兴奋！"

此后，罗湖边检大楼 2 万多平方米的玻璃幕墙采用了德厚科技的隔热涂膜玻璃，实现了较好的隔热节能效果；大运会场馆也采用了这一款隔热涂膜玻璃。全国各地的订单如雪片般飞来。

除了订单，德厚科技还获得了一系列荣誉：2012 年被评为"中国中小企业优秀创新成果企业"，2014 年被评为"中国中小企业创新 100 强"。

| 为环保节能事业不懈努力

进入节能建筑材料领域后，林俊君发现还有更大的市场需求，要用更新的产品去满足。

"目前，玻璃反射膜和吸收膜的形成需要特殊的工艺和设备，而且许多是与玻璃的形成同步进行的，造成工艺条件难以控制、设备投资大、成本高、难以大面积推广，而且对太阳光只是单向调节，无法实现双向智能调节，在我国北方无法实现真正'冬暖夏凉'。但至今，能在建筑界大规模应用的智能型节能玻璃尚未研发成功。一旦智能玻璃研发成功并能获得广泛应用，可立即在整个建筑行业中产生巨大影响，并完全可能成为未来新产业的增长点，市场潜力巨大。"林俊君发现这个巨大的空白点后，找到中国科学院相关的材料专家，寻求技术合作。

2015 年，林俊君与中国科学院新材料领域的研究员合作研发了低碳节能智能控温涂膜玻璃。将该涂料涂覆于建筑玻璃、汽车玻璃以及轮船、火车、飞机等的玻璃表面，既不会影响采光，而且可以显著降低冷暖空调负荷，达到智能控温的目的，这对缓解能源危机和维持社会的可持续发展具有重要的意义。

2016 年 1 月，林俊君以"智能控温涂膜玻璃项目"向深圳市科创委申报股权融资。经过专家组的严格评审、股权和财务评估，深圳市政府同意股权投资德厚科技 1000 万元，占股 18.1%，支持这一节能环保新材料产业化。

"这笔投资表示深圳市政府不遗余力地支持节能新材料的产业化。我们不辱使命，这一年多时间里，研发团队将智能控温涂膜技术又进一步创新，开发出隔热 PVB [1]、PC [2] 隔热母粒、隔热阳光板等多种产品形态，申报了 7 项发明专利，"林俊君喜悦地说，"我们研制的新能源汽车轻量化车窗进入试用阶段，目前正在给邮政车送样，一旦试用合格，将获得 10 万辆新能源汽车轻量化车窗的采购订单。"

截至 2017 年年底，德厚科技一共申请了 16 项国家专利，其中 7 项已获得授权。林俊君说："当看到这些产品能应用到各个节能领域，特别是在应用领域里拿到了授权的两项发明专利，甚感欣慰。想到大家在享受产品的便捷性和舒适性的同时，还可以节省电能，我就会由衷地欢喜。作为地球村的一员，我自认为在环保节能方面做得还远远不够，仍需继续努力！"

---

[1] 聚氯乙烯。

[2] 聚碳酸酯。

离开"舒适区"的几种痛

稳定职业者一旦离开"舒适区",踏上创业的道路,通常要面临几种痛。认识这几种痛,并且对症下药,对创业至关重要。

第一种痛:甲方变成乙方的心理落差。治愈此种痛的方法是"心态归零"。德厚科技董事长林俊君说:"创业之后,从甲方瞬间变成乙方,过去是别人求着我给方便,现在是我求别人给订单,这样的身份转化心理上肯定有落差。创业者如果不能抛下过去的身份和光环,创业就很难成功。"依思普林董事长张杰夫说:"打工和创业不是一回事,因为责任不一样了,创业者要对整个企业命运和创业团队负责。创业并不是那么容易,绝对不是轻松的事情。创业者从安稳的工作岗位走向创业之路,一定要做好充分的准备。"

第二种痛:不可预知的种种困难需要跨越。治疗此种痛苦的方法是"勇气和面对"。创业者永远不知道明天会发生什么事情,每天都在解决不同的问题,有可能核心员工离职,有可能客户拒绝付款,也有可能银行拒绝授信。刘建伟曾经在高校任教十年,他说:"选择创业其实是选择一种生活方式,就像一个想当将军的人必然要面对枪林弹雨的考验,创业者也必将面临各种各样的困难和挑战。创业者不可能享受安逸,这是一个必然的被折腾的过程。创业者一定要有一种精神,就是甘当苦行僧,这是创业者应有的底蕴。"

第三种痛：缺少强大的团队和资源。治疗此种痛苦的方法是要选择最合适的创业搭档，善于用团队成员来补足短板，确定一个明确的奋斗方向。码隆科技联合创始人黄鼎隆说："和谁在一起，做什么事情，这是创业者首先要回答的一个核心问题。也就是找到志同道合的拍档，要干一件让大家都觉得很兴奋、很有意义的事情，这是创业者能够走得足够远的前提条件。"喜萃植物工厂创始人蒋晶晶也强调要依靠团队，团队成员之间应该是互补的关系，她说："没有完美的个人，只有完美的团队。创业，需要找到三观一致、能力互补的伙伴，组建一支有战斗力和凝聚力的队伍，围绕共同的目标奋斗。"

第四种痛：个人短视或误判带来苦果。治疗此种痛苦的方法是学会承受，并迅速找到解决办法，调整方向，继续坚持。创业者并不是全知全能的人，尤其从"舒适区"走出来的创业者，可能由于过去的工作习惯，容易对创业过程中遭遇的问题做出误判。林俊君刚开始创业时"就呛了一大口水"，工程结束后，验收却无法通过，几十万元货款也收不回来。他痛定思痛，发现新材料还没有相关行业标准、国家标准，于是开始琢磨申请专利、参与行业标准和国家标准的制订工作。

第三章

学霸归来却弄潮

科学无国界，科学家有祖国。

——巴斯德

李风华，从美国硅谷学成归国，创办了深圳市唯酷光电有限公司。如今，他异想天开的液晶技术应用在了教室黑板、汽车风挡玻璃、眼镜和头盔玻璃上。

　　许明炎，美国医学博士。如今，他创办的深圳市海普洛斯生物科技有限公司在短短三年就完成4轮融资，总额数亿元。此外，海普洛斯还是软银在精准医疗和液体活检领域布局的唯一中国企业。

　　张隆基，美国佛罗里达大学终身教授、莫菲特癌症中心高级专家。如今，他是深圳市免疫基因治疗研究院院长。

　　翁智，曾经留学英国。如今，他创办的深圳市迈测科技有限公司是激光雷达产业冉冉升起的新星。

　　吴元，英国布拉德福德大学博士，创办了深海精密科技（深圳）有限公司、深圳市海西高科有限公司，勇敢挑战被洋品牌长期垄断的高端医疗影像产品。

　　这些创业者有一个共同的标签——"海归"。他们像老一代科学家一样，无论身在何方，时刻感应祖国的召唤。尽管时代不同，表现形式各异，但科学报国的初心却一代代传承。

———

"不要小看一个电话、一条信息，它可能会带

来一个巨大的机遇。"

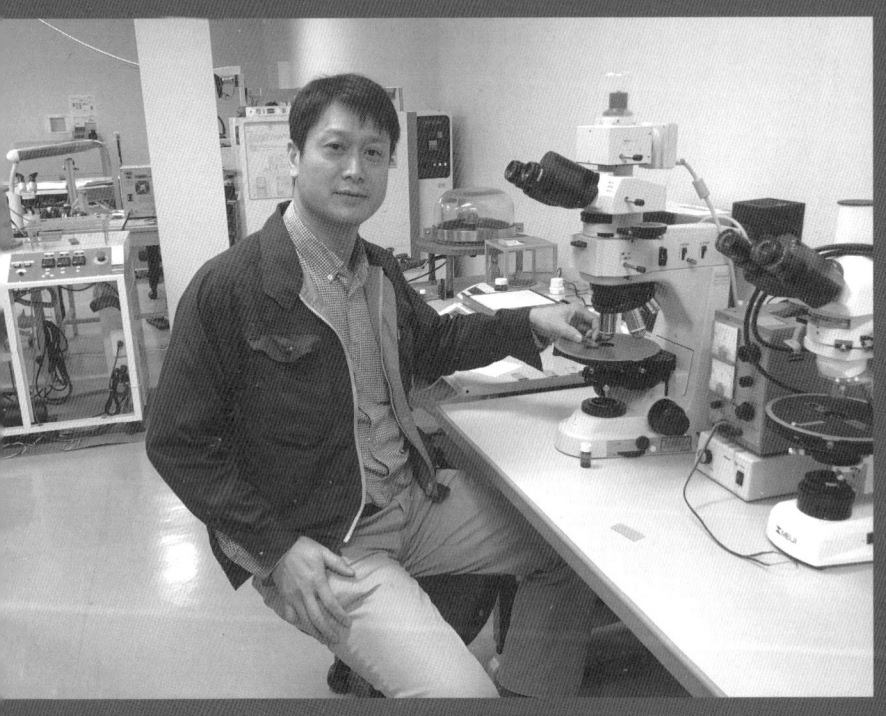

李风华，博士，毕业于美国肯特州立大学，深圳市唯酷光电有限公司创始人、董事长。

深圳市唯酷光电有限公司获 2015 年中国深圳创新创业大赛电子科技行业决赛企业组一等奖。

李风华：

创业点亮梦想的天空

深圳市唯酷光电有限公司（简称"唯酷光电"）是一家只做开创性产品的企业，其异想天开的液晶技术已经应用在教室黑板、汽车风挡玻璃、眼镜和头盔玻璃上。

唯酷光电的创始人、董事长是从美国硅谷学成归国的年轻博士李风华。谈及创业，李风华说："大学生活让我发现自己腼腆的外表下有另一个不服输、爱冒险的自己，硅谷的经历则告诉我梦想可以通过创业来实现。我相信，一切都是最好的安排，因为我经历了一些意想不到的巧合，让我的创业过程有如神助，所以，我心存感恩。"

｜决心要做开创性的产品

1994 年，来自湖南的小伙子李风华考入吉林大学材料系读本科，后来又攻读固体物理专业的硕士学位。他没有想到在东北读书的这七年，自己会从内向腼腆变得开朗乐观。

"大学生活造就了我的性格，我喜欢打篮球，喜欢跟东北同学一起玩。几年的东北生活对我有很多影响，我也发现了内心深处更愿意冒险的基因，做事情喜欢先做、再复盘、总结，性格中有冲动的一面。"李风华如此自

唯酷光电运营团队

我评价。

　　李风华 2001 年从吉林大学硕士毕业后，就拿到美国芝加哥大学全额奖学金，赴美攻读高压物理学博士学位。才读了一年，他发现所研究的领域离应用太遥远，所以就决定转学到现代液晶技术的摇篮肯特州立大学攻读物理光学博士学位。

　　2007 年，博士毕业后，李风华放弃进入"世界五百强"公司工作的机会，选择到美国一家初创企业科纳公司（CoAdna）工作。

　　李风华说："我当时觉得进入初创型企业可以得到更多锻炼的机会，个人能力可以得到快速提升。我当时的上司就是该公司的首席技术官，他年近六十，有很丰富的技术经验，愿意给年轻人机会。我迅速对生产工艺、流程、核心技术等有了全面的了解，我到公司半年后就开始被委以重任，2008 年开始独挑大梁设计新产品。我主导研发的光通信液晶开关产品 WSS

在完成各项稳定性测试以后，迅速进入市场，在美国运营商市场上实现了热销。2011 年，科纳公司在台湾上市，我也获得了一些股票奖励。"

2013 年年初，拥有六年产品开发工作经验的李风华离开了科纳公司，信心十足地在硅谷开始创业之旅。那时，他拿到一笔天使投资，于是在硅谷租了一个 600 平方米的办公场所，聘请了 3 名员工，针对数据中心专用交换机产品进行技术攻关。李风华决心要做开创性的产品："在硅谷，如果跟风去做产品，是会被嘲笑的。我们当时的那款产品定位很超前，如果能顺利研制出来，谷歌愿意出每台 20 万美元的价格购买。"

虽然梦想很丰满，现实却很骨感，由于产品定位很高，技术难度太大，4 个人一起无日无夜地苦干，半年之后仍然没有实现技术突破，花掉 30 多万美元之后，李风华决定关门止损。

"这次经历对我来说是很大挫败，我决定回国看看。"李风华在朋友的邀请下，孤身一人来到了深圳。

| 要做最可能、最靠谱的事情

从美国硅谷飞往深圳的途中，李风华思潮澎湃。他回想自己最初的创业梦想，即使在硅谷的首次创业失败，也并未熄灭他创业的热情。他从挫败中认清了一个道理：不论你心里装着多么伟大的创意，创业一定要脚踏实地，要做最可能、最靠谱的事情，要贴近市场的需求点去做创新型产品。

2013 年年底，初到深圳的李风华非常谨慎，他不敢乱花钱了。办公场地是朋友免费提供的，有 100 多平方米。

"那是在公明一个破旧厂房的一楼，我只聘请了 2 个员工，开始开发新产品。"当时，李风华希望自己能做一款解决市场痛点的创新产品，想用液晶显示产品代替普通的纸张和传统的黑板，于是就瞄准液晶膜无尘黑板进行技术攻关。一位企业家朋友给他提供了200多万元的天使投资。2014年3月，李风华注册成立深圳市唯酷光电有限公司。

大约在2015年年初，天使投资人跟李风华在创业理念上有了很大的分歧，李风华于是用320万元回购投资人股权，实现对唯酷光电的控股。按照自己的意愿，李风华把公司从公明搬到南山区高新科技园。他说："这里的科技人才更密集，工作氛围也跟硅谷类似，我认为这里才是技术创业者最喜欢扎堆的地方。"

"现在回想起来，我仍然很感激这位天使投资人，毕竟在我刚回国重新开始创业的时候，他的支持显然是雪中送炭，虽然后来由于理念有分歧，无法共事，但我用回购股权的方式较好地平息了这场风波。"李风华坦诚地说。

李风华在硅谷时曾幸运结识了国内教育界一个天使投资机构的几个高管。2015年，李风华需要投资的时候，也不认识别的投资机构，就直接去找了他们，介绍了液晶膜无尘黑板的产品研发进展，以及可以解决教室无尘化这一"千年难题"。他说，仅液晶膜无尘黑板一项，每年至少有70万套传统黑板被替换，而这背后，是一个每年百亿级的市场。这个投资机构很感兴趣，经过考察，决定给予唯酷光电1200万元的投资。这让李风华更坚信自己的方向是正确的。只找到一家投资公司，对方就愿意投资，李风华无疑是非常幸运的。

其实，李风华的好运才刚刚开始。唯酷光电成立之后，一直在默默地做研发。2015年，李风华发明了第一块32英寸液晶手写板，这在当时可称得上"世界上第一块大尺寸液晶膜黑板"。这一年，唯酷光电还收获了中国深圳创新创业大赛电子科技行业决赛企业组一等奖。

李风华在展示唯酷光电研制的汽车明暗调光窗户膜

| 灵光一现，实现技术突破

说起第十七届高交会上一炮打响的"智能液晶膜手写板"，李风华讲述了一个灵光一现的故事："一个工程师告诉我，最近生产过程中总是有那么多的不良品。我就把不良品从工厂全拿到办公室分析，发现这些不良品有一个很奇怪的特点，就是笔迹显得很亮，但为何会造成亮度加大？搞不清楚。那些天我一直冥思苦想。2014 年 11 月底的一个星期天下午，我突然灵光一现，想明白了其中暴露出的一个技术原理，而这个原理可以帮助产品提高亮度，高亮度产品由此开发出来。可以说，这是一个妙手偶得的发现。"

李风华一直梦想将液晶膜产品用到汽车风挡玻璃上，但花了很长时间也思考不出解决方案。"有一天，我接到美国导师的一个电话，说介绍我认识一位台湾的科学家。我非常喜欢和科学家打交道，就向台湾科学家请教如何将液晶膜产品用到汽车玻璃上。他告诉我一个信息，他知道某日本企业的一条柔性 LCD（液晶显示）自动化生产线快倒闭了，如果我有兴趣去收购，可能从生产工艺上会获得某些启发。我立即联系这家日本企业，不仅用很划算的价格收购了这条自动化生产线，而且把日本公司的骨干聘到唯酷光电工作，很快就实现了技术上的积累和跨越。所以，不要小看一个电话、一条信息，它可能会带来一个巨大的机遇。我很珍惜身边的缘分，从一些信息中获取了超出意料的价值。"李风华相信自己获得了命运之神的垂青，才能如此顺利地攀上一个又一个新高度。

2016 年 3 月，唯酷光电首次做出了大尺寸的液晶膜黑板。李风华十分开心，拎着这块 45 英寸黑板飞回美国硅谷，想给朋友们展示，没想到托运到美国后，液晶膜黑板的液晶膜与板材之间脱胶了，完全坏掉了。

唯酷液晶膜黑板在深圳某小学应用

　　"黑板当时是用飞机托运，在 3 万英尺高空，货舱温度是零下 30 摄氏度，如果我们的黑板不能耐低温，肯定就会出现这个情况。"李风华明白一个创新产品要从实验室走到市场，还要走很长的路。他立即回到深圳，组织团队改善工艺，做耐高低温的测试。一个月以后，李风华带着新一代产品再次飞回硅谷，将第一块液晶膜黑板卖给了脸书的研发总监史博士。

　　不论遭遇多少波折，李风华都相信付出总是有收获的，他觉得自己离梦想已经越来越近。他认为，唯酷液晶膜黑板是传统黑板的完美替代品。

　　"高亮技术、局部擦除、彩色显示以及卷对卷涂布构成了我们的核心优势。"李风华说，"目前，唯酷板在市场上每个月各种尺寸的订单加起来超过 10 万套，小尺寸的液晶膜手写板在小米旗下电商平台'有品'上的婴童类产品中排在前三名。"

李风华和日本研发团队

| 创业点亮了我梦想的天空

2016 年 1 月，李风华携手团队多名海归博士，以"超高清超高速液晶技术"项目申报深圳市的资助项目。

李风华回忆："我当时并不知道能否成功，只是答辩的时候回答问题做到尽量真实，如实地介绍了当时团队的研发进度，下一步的研发难点在哪里，如何做才能攻克技术难点。我的回答展示了唯酷光电确实是一支坚持做创新研发的团队。后来，8 月份，政府发布公告，我们得到政府 4000 万元资助。这对我们的创新事业是极大的肯定和支持，这笔资金对企业发展起到很大的促进作用。我只想说，深圳的创新环境实在太好了！"

从 2016 年开始，唯酷光电瞄准超高清超高速液晶显示材料进行攻关，取得了意想不到的成果。李风华说，这样一种神奇的材料，应用领域非常广阔，目前已经应用在奔驰、特斯拉、大众、丰田等高档车的玻璃上。此外，唯酷光电还将产品卖给了美国军队。

李风华回忆这几年的经历："我们做选择的时候会有很多权衡，但如果你的直觉告诉你应该做那个选择，说明那就是最好的安排。我选择了进入硅谷小公司工作，自身得到了非常大的锻炼，后来选择到深圳，到最具有战斗力、最有能量的城市来创业。我深深地喜欢上深圳这座城市，让我觉得这里就是我的家。创业点亮了我梦想的天空，这就是命运最好的安排。"

"海归创业者需要'多动腿,走起来,接地气',
简单一句话,就是海归创业一定要够'土'。"

许明炎,美国新墨西哥大学生物医学博士、哈佛大学访问学者,深圳市海普洛斯生物科技有限
公司董事长。

深圳市海普洛斯生物科技有限公司获 2015 年南山"创业之星"大赛企业组二等奖。

许明炎：

瞄准基因测序产业归国创业

许明炎在美国新墨西哥大学医学院博士毕业后，回国创办了深圳市海普洛斯生物科技有限公司（简称"海普洛斯"），用三年时间完成 4 轮融资，总额数亿元。软银中国、深创投、磐谷创投、优选资本等著名投资机构是海普洛斯投资商。海普洛斯还成为软银在精准医疗和液体活检领域布局的唯一中国企业。

回首创业之路，许明炎说："海归创业者需要多动腿、走起来、接地气。简单一句话，就是海归创业一定要够'土'。"

︱留美：从科研人员到创业者

2008 年 8 月 5 日，许明炎登上去美国的飞机。平生第一次坐飞机的他激动而忐忑。命运对他是垂青的，美国新墨西哥大学医学院给他提供了全额奖学金，因此他要把五年时光投入到攻读生物医学博士学位。想到这里，许明炎不免心潮澎湃。

刚到新墨西哥大学，生活给他造成巨大压力。因为他下飞机后口袋里只有 200 美元，而在美国租房加上押金至少要 1000 美元。他也买不起笔记本电脑，从学习装备到生活必需品都成问题。"我的父母是江西上饶的普通农民，我是家中长子，家里还有三个弟弟妹妹，非常贫困，去美国留学全靠奖学金，可奖学金要到美国半个月以后才能领到。"许明炎回忆起初到美国的拮据时光。

与拮据相比，更可怕的是，许明炎的学习难以进入正常状态，第一次考试就惨遭"滑铁卢"。"我考了个全班倒数第一，跟倒数第二名的成绩还相去甚远。老师找我谈话，一是听说我本科、硕士阶段没有学习过生物学课程，提出帮我补课，二是告诉我如果成绩继续这样糟糕，将取消全额奖学金，甚至需要推迟一年毕业——这对我来说无异于五雷轰顶，我逼迫自己必须尽快赶上去。我买不起笔记本电脑，查资料不方便，就去图书馆看书到深夜，打印资料，把生物方面的名词解释贴满整个宿舍，每天睡眠不到四个小时，夜以继日地补课。"就这样，用了两个月时间，许明炎把本科和硕士阶段要学习的生物学书本全部学习了几遍，掌握了所有基本知识，上课不再有困难，第二次考试成绩就在 85 分以上了。

令许明炎感到幸运的是，他的导师杰瑞米·爱德华兹（Jeremy S. Edwards）是美国科学院院士、哈佛大学医学院教授乔治·丘奇（George M. Church）的得意弟子，一直从事基因测序技术的研发。

度过了初到美国的不适应阶段后，许明炎开始进入游刃有余的学习状态，甚至找到了研究的乐趣。"我进入杰瑞米实验室后，有效地结合我本科的化学背景、硕士的医药背景，以及博士的生物医学背景，将这几者牢牢结合在一起，专注于基因测序技术以及测序仪的研发。博士期间，我在测序样本的文库制备、测序技术以及数据分析方面，都做了较为深入的研究，在微量样本的测序前处理、单细胞的扩增、单倍型测序等方面获得了一系列突破性进展。我所在的团队还申请到了美国国立卫生研究院（NIH）的项目，获得了 300 万美元的科研经费。"

海普洛斯创始人团队：温媛（左一）、许明炎（左二）、陈实富（右二）、方文（右一）

　　2012 年，旧金山一家初创公司——寒武纪基因组学公司（Cambrian Genomics）的创始人找到许明炎，多次邀请他加入，负责测序技术及仪器的搭建，以及后续用于 3D 打印 DNA [1] 的整个流程。2013 年 5 月，许明炎全家搬到了旧金山，白天工作，晚上继续写毕业论文，6 月回学校完成博士论文答辩。之后，他在寒武纪基因组学公司工作了一年多，与同事一起完成了世界上第一台可以定位分别回收 DNA 的二代测序仪。

　　在旧金山工作的一年多时间里，许明炎强烈感受到创业氛围的冲击，这是美国其他城市所不具备的。在这里，许明炎完成了从科研人员向创业者的身份转变，因为寒武纪基因组学公司是一家初创的科技公司，许明炎每天需要接待几拨投资商，向他们介绍技术的先进性和产业化的前景。这

---

[1] 脱氧核糖核酸。

一年下来，寒武纪基因组学公司获得 2000 万美元的投资，许明炎也得到了巨大的磨练。

"我以前没有商业意识，经过在旧金山工作，有了商业思维，而且基于我对测序技术的深刻理解，我知道一个新的行业即将来临。我一直觉得，我所学的东西，应该要应用于实际生活中。要是所学的东西，能够为他人带来一点点帮助，那就更好了。"许明炎当时就想在测序领域继续发展，开发更多的测序技术应用到临床方面。

| 创业：从深圳起步，布局前沿

许明炎邀请高中同学方文、温媛和在英伟达工作的陈实富一起，开始了最初的创业筹划。

"等到 2014 年年初，我更加感受到这个行业即将爆发，尤其是国家卫计委叫停基因诊断之后，我觉得这就是黎明前的黑暗。所以，我和我太太抛弃了刚拿到的美国 H1B 工作签证[1]，也没有找国内的任何工作，就带着两个人工作一年的存款——不到 10 万美元回来了。"

2014 年 8 月，深圳市海普洛斯生物科技有限公司成立了，在深圳超算中心租了 100 多平方米的场地。四个高中时代的同学成为联合创始人：许明炎任总经理；陈实富任首席技术官；方文任首席运营官；温媛任首席财务官。

海普洛斯创始人团队是一流的，甚至可以说阵容豪华，起步的资金却只有 60 万元。但许明炎有信心在半年内拿到第一笔天使投资。

---

[1]美国最主要的工作签证类别，发放给美国公司雇佣的外国籍有专业技能的员工。

当时，北京磐谷创投的合伙人李丽宁本来是到中科院深圳先进技术研究院看项目，顺路去了趟深圳超算中心看一下新成立的海普洛斯，没想到对许明炎从事的基因测序研发产生了浓厚的兴趣。"我们那个时候条件很寒酸，实验台是我从淘宝上花1万多元买的原材料，自己和方文拿着电钻改装而成，又买了一些天平、离心机等基本实验设备，就差最核心的设备——基因测序仪，因为一台测序仪需要200多万元呢！"许明炎就在白板上给投资人介绍项目的先进性和未来前景，交谈了两个小时，两人意犹未尽。

第二个星期，李丽宁再次从北京来到深圳，与许明炎沟通，问他还需要什么帮助。许明炎说刚回国，没有医院资源，需要认识医生。李丽宁到北京约了中国医学科学院肿瘤医院的四位医生跟许明炎见面，有三位医生对基因测序不太感兴趣，只有乳腺内科主任马飞比较认可液体活检技术，很愿意帮助许明炎这位年轻的创业者。就这样，李丽宁认定许明炎的技术是处于国际前沿的，很快决定给海普洛斯投资1000万元。海普洛斯利用这笔投资购买了基因测序设备，许明炎开始用自己的专利技术处理血液样本和组织样本。

2015年7月，海普洛斯携手深圳市人民医院联合启动"万人癌症基因测序计划"，这是中国首个大型癌症"精准医疗"计划。许明炎介绍，发起该计划的目的有二：其一，实现10000人的癌症早期筛查、预后监测及个体化用药指导；其二，建立中国首个大型癌症基因数据库，为实现精准医疗奠定基础。

"万人癌症基因测序计划"已经实施了三年，一方面树立了海普洛斯的品牌，另一方面积累和沉淀了宝贵的样本和技术。

| 壮大：这是一个最好的创业时代

2015 年，南山"创业之星"大赛路演台上，一个身材瘦小、目光炯炯的年轻海归创业者吸引了所有投资人的目光。

面对这些专业能力强、目光挑剔的评委，许明炎一点儿也不发怵："海普洛斯致力于超微量肿瘤液体活检技术的开发和应用……在美国，很多人认为基因测序技术将是继 20 世纪 70 年代以来的芯片革命之后又一次人类发展史上的工业革命。我对基因测序产业未来的预测是，对于每种疾病的各个阶段，也可能出现更细分的产品，检测、诊断、监测、用药指导、耐药评估等等。跟基因相关的疾病有 7000 多种，每种疾病一个产品的话，这将是空前的体量。"

评委们听明白了，这位年轻海归做的就是时下最火的精准医疗和液体活检的研究！这次大赛中，海普洛斯获得了"最受投资追捧奖"和企业组二等奖。作为评委的软银中国合伙人刘缨也因此关注海普洛斯。2016 年 5 月，软银中国领投，宣布对海普洛斯完成 5000 万元 A 轮投资。

A 轮融资让海普洛斯走得更大胆稳健，不仅把办公场地搬到了奥特迅大厦，建设了 700 平方米的医学检验中心，而且团队也扩展到 50 多人，开展 ctDNA [1] 测序产品的临床申报及临床试验，市场拓展也正式起步。

成立仅三年，海普洛斯就已经完成深圳研发总部、第三方医学检验所、GMP [2] 生产车间、美国研发中心、海普洛斯基因组中心，以及上饶国际精准医疗健康产业园的多中心全球化布局，业务覆盖数百家三甲医院及千余

---

[1] 循环肿瘤脱氧核糖核酸。
[2] 生产质量管理规范。

名临床合作医生。

2016 年 5 月，江西上饶市政府招商团到深圳，一下相中了海普洛斯，邀请许明炎回家乡发展。许明炎说："虽然我也很想支持家乡的经济建设，但不能头脑发热一下就回去。经过与其他几位创始人商量，决定在江西上饶设立一个子公司，由上饶的基金公司投资 1 个多亿购买 10 台基因测序设备，给其他基因测序公司提供服务，目标是 2018 年可以实现 1.5 亿元的服务收入。"

这是一盘大棋。2017 年 2 月，海普洛斯江西子公司正式成立，基因测序设备也很快到位，规模效应马上显现——海普洛斯的基因测序能力排名全球第二。2017 年 12 月，优选资本领投，软银中国和可信资本跟投，海普洛斯 A+ 轮获得 2.1 亿元投资。此外，海普洛斯还获得深圳市政府给予的 2000 万元资助。

2018 年 6 月 28 日，海普洛斯正式宣布完成 B 轮融资，投资额达数亿元，由深创投领投。

许明炎感激地说："这真是一个最好的创业时代，我们的发展获得投资商认可，深圳市政府也提供了很多的支持。2016 年 3 月，海普洛斯向深圳市科创委申报了中国人癌症基因数据库的建设项目，获得了 300 万元的科研资助。以前，我在旧金山、硅谷看到发达国家的风投很活跃，当时心生羡慕，没有想到国内的创投也如此活跃，政府部门更加高效专业，让我这个小海归回国创业没有走一步弯路，顺风顺水走到今天。我希望几十年后，海普洛斯用自己的基因测序技术，让每一个人能健康活上 120 岁！"

———

"创业之后，决定你生死的不是发表多少论文，
而是你的技术到底有无市场需求。"

张隆基，深圳市免疫基因治疗研究院院长。美国佛罗里达大学终身教授，莫菲特癌症中心高级
专家，美国参与联合国核能委员会 AIDS 和癌症研究专家组代表顾问，美国 FDA 基因和细胞
治疗产品组的特聘评审专家。

张隆基：

抛下美国教授头衔归国治癌症

　　"幸福来自心灵喜悦，而不是物质富裕。"这是深圳市免疫基因治疗研究院院长张隆基在微信朋友圈发表的一句感慨。

　　这不仅是他对人生的思考，更是对他自身生活状况的真实写照。

　　十三年前，他抛下美国终身教授头衔、离开家人不远万里回祖国创业时，一定是听从了内心的声音："去追求自己定义的幸福人生，用所学的医学在有生之年救活更多的生命吧！"

｜ 回到祖国，以医术报效国家

　　张隆基出生在台湾，以优异成绩获得美国爱荷华大学医学院全额奖学金攻读博士学位，是加州大学旧金山医学院与美国国家医学中心研究学者，后任教于加拿大阿尔伯塔大学。张隆基说："加拿大生物医药产业发展很早，因为他们的大学对教授参与创业非常开放，允许大学教授办企业，鼓励成果产业化。"他在 1993 年就创办了一家生物医药公司，专门做免疫基因治疗药物的研发，创办了加拿大最早的基因治疗学会，1995 年主导开发了加拿大第一支人体免疫基因治疗疫苗。

　　1997 年，张隆基受邀到美国佛罗里达大学医学院任教，主攻免疫基因治疗癌症，并且开展了 CAR-T（嵌合抗原受体 T 细胞免疫疗法）研究。

2005 年，张隆基被佛罗里达大学聘为终身教授。这个时候，张隆基是佛罗里达癌症中心免疫治疗专家、佛罗里达大学免疫治疗实验室主任，在《自然》《美国科学院院报》等高水平学术期刊发表会议论文百余篇，申请美国及国际专利十多项，已经是扬名世界的领军级别科学家。这时的张隆基事业如日中天，妻儿陪伴左右，生活富足而安逸。

2005 年秋天，台湾著名企业家郭台铭向张隆基发出邀请，要资助他到北京创办一个免疫治疗实验室。张隆基心动了，毕竟是学医的人，心里总怀抱着用医术救人的理想，如果继续留在美国做科研，不知道产业化要等多久，如今可以回到祖国，以医术报效国家，为何不行动呢？

在夫人的理解和支持下，张隆基不远万里，来到北京，与中国工程院院士、血液病与造血干细胞移植专家陆道培教授取得联系，在陆道培的实验室一同开展治疗癌症的研究。这个课题一做就是三年。

"2008 年的一天，我给陆院士打电话，说这三年里，我们免费治疗了近 300 个癌症病人，没有收取一分钱，如今花光了投资人所有的钱，现在我们要关掉实验室了，因为难以为继啊！"这是张隆基第一次跟陆院士提到钱，而且是在资金捉襟见肘的时候。

陆道培院士思考了一刻钟后，回复张隆基："从明天起，你开始收费吧，给医院提供实验室技术服务，收取技术服务费也是合理的！"

于是，张隆基又把开展免疫治疗癌症的研究坚持了下来。

张隆基介绍："北京道培医院、北京大学肿瘤医院、四川华西医院，包括吉林的白求恩医院，都是我们合作的对象。在国内已经有许多医院与我们有密切合作，未来会更多，我们希望能够把 CAR-T 技术与其他先进治疗方案在各个地方都建立起合作机制，这样对病人有帮助。"

2017 年 2 月，在深圳市免疫基因治疗研究院举行的 "2017 基因治疗医学研究会" 现场

｜ 深圳湾畔飞来 "金孔雀"

2014 年，张隆基来到深圳，向深圳市科创委提交了资助申请。

"我记得在答辩的时候，深圳专家和科创委领导最为关注两个问题：一个是你的 CAR-T 治疗癌症的成果能否转化；另一个是深圳为什么一定要引进这个项目。我当时的回答是：我博士开始就是做转化医学研究的，我的成果目前已经治疗了超过 200 个病人，尤其是针对急性淋巴细胞白血病治愈率较高，不管深圳是否引进我，我本人都会到深圳来发展，协助开展病人治疗；如果政府能给予我的研究项目大力支持，我开展研究就会更快，

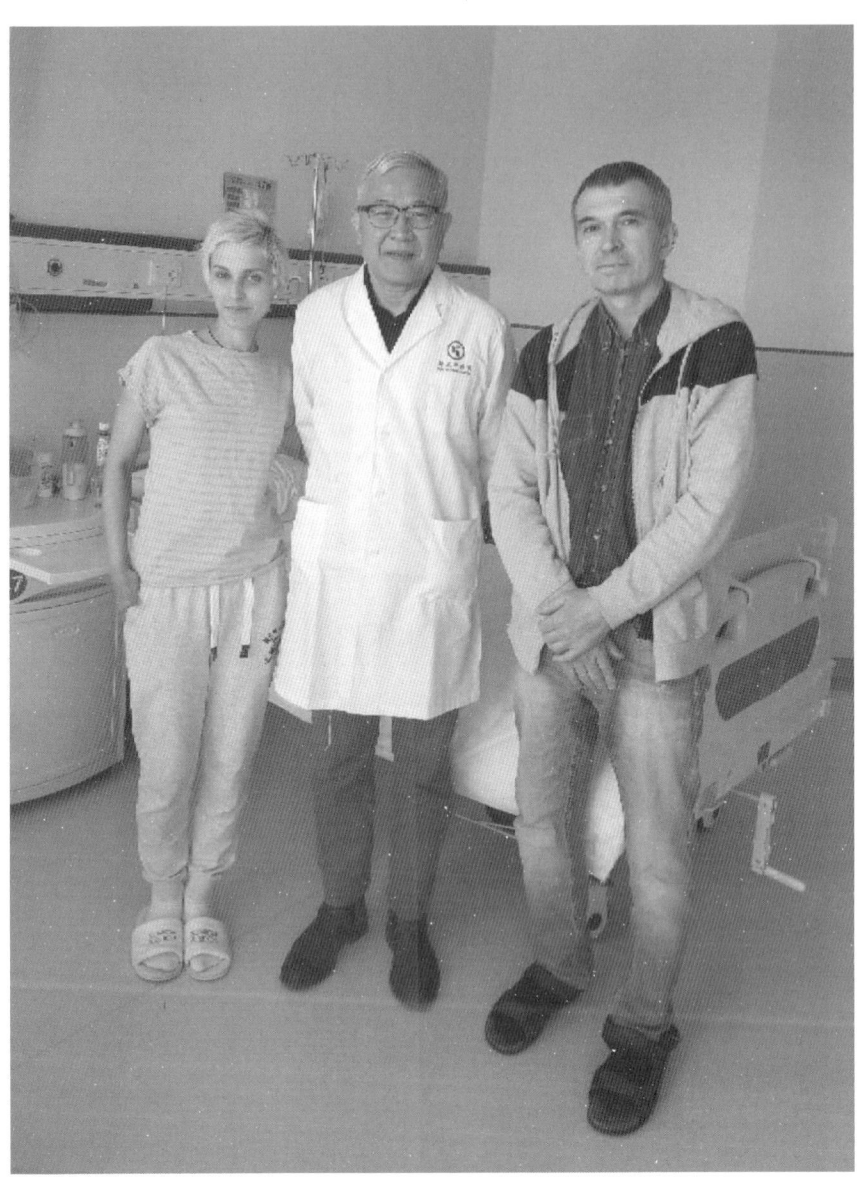

2017 年 12 月，两个病情好转的俄罗斯病人回国前与张隆基合影

可以造福更多的病人，而且，可以让深圳在 CAR-T 治疗癌症方面扬名国际！"张隆基说话很果断直爽，让在场的生物医药专家为之振奋。

让张隆基感动的是，深圳市科创委给予他牵头的 CAR-T 治疗癌症项目 3000 万元资助，同时主动建议由他负责组建深圳市免疫基因治疗研究院，主要是针对癌症患者提供免疫细胞治疗的个体化精准医疗服务。

就这样，张隆基成为落户深圳的"金孔雀"，在深圳湾畔开展细胞治疗的研究，希望能利用这座城市的开放创新氛围，让第四代 CAR-T 技术造福更多的人。

2016 年 2 月 27 日至 28 日，"中国·深圳 CAR-T 应用与发展研讨会"成功召开。会上，日本名古屋大学、泰国玛希隆大学分别与深圳市免疫基因治疗研究院签订技术授权协议，此项协议旨在引进由深圳市免疫基因治疗研究院张隆基团队研发的第四代 CAR-T 技术，计划用于治疗本国的肿瘤患者。这是中国首次将高新医疗技术输出到国外，为中国的科研写下历史性的一页。

张隆基是这次大会的主席。他说："未来，我们希望把关于 CAR-T 应用与发展的研讨会建成一个常态性的交流平台，将最前沿的技术信息快速传递、扩展到全国，让各地的三甲医院专家都能轻松面对肿瘤问题，以平价的方式服务广大患者，使人们不必谈癌色变。目前的 CAR-T 技术，可作为白血病终末期患者的挽救治疗方案，更为重要的是，我们的技术费用也相对较低，多数病患可以负担得起。"

目前，张隆基团队的 CAR-T 细胞治疗临床试验是世界上首个应用于人体、自带"安全机制"的第四代 CAR-T 技术，不仅能将免疫治疗细胞输入体内，而且能够选择性撤除或完全撤除已输入的 CAR-T 细胞，作为避免不良反应的最佳风险控制手段。

2017 年 5 月，深圳市第二人民医院和深圳市免疫基因治疗研究院举行脑疾病基因治疗研究中心挂牌仪式

| 这样的人生才有意义

　　2016 年 10 月 27 日，张隆基教授在成都电子科技大学医学院清水河校区作题为《基因与细胞治疗现状与展望》的学术报告，内容主要围绕 CAR-T 免疫治疗展开。

　　他说，CAR-T 是指"统一规格一体通用 T 细胞基因靶向治疗，T 细胞基因修改的目的是为每一位患者量身定做属于自己的系统"。在讲座中，他以儿童的癌症治疗存活率为例，指出免疫治疗对此类疾病的关键作用。他认为，我国推进第四代 CAR-T 疗法是至今最安全的一代。作为慢病毒载体发明人，张隆基介绍了如何为了确保安全而在基因中加入"撤出机制"（即

"细胞自杀"），使免疫系统疾病可以永久、高效并且安全地治愈。

像这样的专题讲座，每个月至少一场。而他为美国佛罗里达医学院开设的"基因免疫治疗网络课程"，每周都要上两节课，来自全球的50多名学生都会通过互联网收看张隆基的讲课。

除了把自己的研究成果分享给更多的年轻学子外，与各大医院展开治疗癌症的研究合作是更为重要的工作。张隆基每次讲课，都会在最后播放一些照片资料，分享那些获得T细胞基因靶向治疗的癌症病人康复后的喜悦——来自日本的两位脑部白血病患者在北京儿童医院获得完全缓解；多位来自俄罗斯的淋巴瘤患者，在云南一家三甲医院经过一个月的第四代CAR-T技术的治疗，也获得缓解；来自波兰与美国的两位多发性骨髓瘤患者也得到了CAR-T治疗，转危为安。

"你不知道我收到这些世界各地的病人康复的消息时有多高兴。这是一条条鲜活的生命啊，"张隆基语气中透出喜悦，"这就是我为什么要回中国创业，要到深圳建立深圳市免疫基因治疗研究院。这样的人生才有意义！"

"创业者要保持平常心，对未来不要过度乐观，
要以谨慎的态度把产品和技术做得更扎实。"

俞智，毕业于英国林肯大学，深圳市迈测科技有限公司创始人、CEO。曾任职于北大方正。
2013年被评为"中国科技创新十大领军人物"，2014年被授予"深圳杰出青年"称号。

深圳市迈测科技有限公司获2012年深圳南山"创业之星"大赛企业组三等奖、2013年中
国深圳创新创业大赛总决赛初创组二等奖。

翁智：

迈向世界　测量未来

翁智是深圳市迈测科技有限公司（简称"迈测科技"）的创始人、CEO。创业初期，他曾沦落为"孤家寡人"，但是经历了近九年时间，他的公司成为激光雷达产业冉冉升起的新星。

翁智用平缓淡然的语气说："创业者一定要有平常心，不论是艰难度日的低谷时期，还是获得投资的风光时期，都需要保持一颗平常心，既不要妄自菲薄，也不要扬扬得意，因为高科技领域的创业道路非常坎坷曲折。"

｜ 创业之初却成"孤家寡人"

2009 年岁末，深圳很多企业在举办辞旧迎新的庆祝活动，而此时在深圳留学生创业园里的迈测科技却奄奄一息，创始人翁智坐在租用的办公室里近乎绝望地环顾四周，一同创业的两位同学已经黯然离去，员工也都先后辞职，仅剩最后一名硬件工程师跟随在他身边。

翁智说："我已经为研发激光测距仪投入了上百万元的资金，如果这个时候我也放弃，就等于三年的投入全部打水漂了。那个时候我连跳楼的心都有了。这和此前我在北大方正担任高管简直是天壤之别！"

那么，翁智是怎么"鬼使神差"地放弃担任高管的安逸，走上创业的道路呢？

俞智从英国林肯大学毕业后，就到北大方正工作，负责研发针对媒体的软件，早早就看到全球纸媒产业的下滑，他希望事业能有所突破，因此一直在暗暗寻找创业的良机。2006年，一个偶然机会，俞智把朋友所说的英文"流量计"听成"测距仪"，觉得奇怪，要测距用5块钱买个皮尺就行，何须使用测距仪？于是他上网搜索，发现其中隐藏着巨大的商机。他打电话询问售卖测距仪的一位经销商，得知一个测距仪就要卖2000多元，当时博世和徕卡两大公司垄断该技术，国内并没有生产测距仪的企业。俞智认定国内的测距行业基本空白，这里面一定存在巨大的商机，于是决定投入到这个行业中。

2006年，俞智跟清华大学的两个同学开始了创业之路。面对激光测距这个完全陌生的行业，他们从调查对手的专利入手，发现对方拥有一千多项专利，而国内还没有一家拥有自己专利的测距企业。俞智认为，要进入这个市场，就必须拥有自己的自主专利。凭着这样的信念和追求，俞智和他的同学开始长达三年的研发之路。

为了更好地集中精力投入到创业中，俞智2009年7月从北大方正辞职，在深圳留学生创业园创办了迈测科技。俞智说："迈向世界，测量未来。这就是'迈测'这个名字所包含的理想。"

为了这个理想，俞智全身心扑在工作上。激光测距需要光学、电子、传感器等多个学科的整合，研发难度非常大，要研制出成熟的产品更加不容易，"测不准"的问题深深困扰着俞智。坚持到2009年年底，连公司的同事们都失去了信心，都认为肯定会失败，已经没有希望和必要继续坚持下去，纷纷选择离去。这时俞智却心有不甘。

就在俞智进退两难之际，他的好友骆龙出现在他身边。骆龙是俞智大学时的同学，擅长电子工程技术，是著名外企意法电子公司的电子工程师。骆龙被俞智坚持创业的精神所打动，向俞智伸出了援手，攻克了最终的技术难关。产品终于走出实验室阶段，可以进行试产商用了。

俞智感激地说："毫不夸张地说，是骆龙帮助迈测科技起死回生的。2009 年年底的那次危机，迈测科技濒临倒闭。但我们解决了技术难题后，2010 年开始向市场推出了自己的激光测距仪产品。这次危机的一个直接后果是迈测科技没有联合创始人，除了我这一个自然人股东，其他都是机构投资者。我们还有一个员工持股平台。骆龙在 2014 年也加入到我们的队伍中来。"

| 第一次融资后竟走"下坡路"

2010 年上半年，迈测科技的激光测距仪开始试产，这是创业以来最考验俞智体力的时期。

俞智说："我们当时在坪山有一家合作工厂，条件非常简陋，要在铁皮屋搭建的工厂做生产调试。当时正好是夏季，工厂室内温度在 40 摄氏度以上，而我们的激光管元器件在 40 摄氏度就停止工作。回想起来，那真是炼狱一般的生活。我们人手也不够，从生产调试到元器件采购都是我一手负责，没日没夜地干了大半年，终于把产品做了出来，可以批量出货了。我大学毕业之后都是从事软件开发和项目管理的工作，在有空调的甲级写字楼里做着研发，从来没有吃过这样的苦头。我终于体会到创业就是要挑战自己的忍耐极限，要锻炼成全能型的人才。"

2011 年上半年，迈测科技在行业展会上推出自主研制的激光测距仪，由于良好的性价比，立即获得了众多代理商的青睐，但是由于最初产品质量并不稳定，造成了一些退货。俞智带领团队解决产品稳定性的难题，并且经过一年时间，把研发、生产、销售各个环节调试得比较顺畅。

真正让迈测科技的发展出现转机的是南山"创业之星"大赛这个平台。2012 年秋天，俞智的团队夺得决赛第三名，得到"创业之星"评委的肯定和青睐。

"当时的评委机构招商局科技集团认可了我们团队的执行力，也嗅到了这个测距行业即将带来的商机，以 1000 万元的投资入股迈测科技。"俞智介绍，正是这笔资金的注入，真正使他创业的梦想实现了大的飞跃。

第一次成功融资让俞智兴奋，他花了相当一部分钱用来扩大队伍，但由于销售没有跟上来，盲目扩大队伍竟成了烧钱的举动。"钱没有用在刀刃上，我很快就为我的盲目冲动付出代价了。"俞智开始回忆创业以来的第二个低谷。"每天的财务报表都是负数，现金流马上要烧光了，我该怎么办好呢？我如坐针毡，万万没想到的是，第一次成功融资后，企业居然连续九个月亏损，走了一段时间的'下坡路'。经过痛苦的思想斗争，我最后决定干两件事情：一是裁员 10%；二是把父母的房子抵押出去，向银行贷款 300 万元，维持企业现金流。那段时间，60 多岁的父母特别不理解我的举动，天天劝我回北大方正去上班，甚至拿出'要么放弃创业，要么断绝关系'的话来让我放弃创业的念头。这对我是一次异常严峻的考验，或者说是一个重大的打击。我反省自己不该这样盲目扩大队伍，不该对未来过于乐观，想到如果能够再次融资，一定要精打细算，要用更为谨慎的态度来保证企业的稳健经营。"

俞智的深刻反思和果断决定挽救了企业。迈测科技的激光测距仪十分受房地产装修行业欢迎，出货量逐渐增大。2015 年秋天，经招商局推荐给深圳市经信委，迈测科技进入深圳市政府直投企业的试点单位名单，获得

迈测科技团队

天星资本领投、远致资本和熔岩资本跟投的 3500 万元资金。这给迈测科技的腾飞插上了翅膀。2015 年 10 月，迈测科技再次开始盈利。

　　也是在 2015 年，翁智荣获"深圳新生代创业风云人物"称号，入选深圳市南山区"科技创新领袖榜"。

｜创业是一次又一次的"远行"

　　翁智说："我一直坚信努力就会有回报，我也坚持用谨慎态度把产品技术做扎实。要实现真正的创业，并在市场站稳脚跟，就必须有自己的专利，而不是一味模仿和抄袭。"

2017 年 3 月，德国纽伦堡国际户外展上，客户在体验迈测科技的产品

　　迈测科技一直坚持自主创新，从产品设计到生产工艺都有独特的创新思维，至今累计申请发明专利 23 项、实用新型专利 19 项、外观专利 15 项、软件著作权 7 项、作品著作权 1 项。其中独立研发的"双发单收"发明专利被称为"测距行业四大发明专利之一"，该发明实现了相位补偿和校准的目的，避免了环境变化在电路中引入不确定的相位噪声，提高了激光测距的测量精度，减少了环境因素对测距误差的影响，降低了系统的成本，加强了激光测距在各行业的应用。

　　翁智的坚持不懈和注重创新也获得了资本市场的认可，2017 年 10 月完成了 C 轮融资。对技术发展趋势看得比较远的翁智，下一步瞄准的是激光雷达市场。

其实，激光雷达的概念已经被资本市场炒得比较热了，有的企业动辄融资过亿元。对此，俞智反倒显得异常冷静："我们的激光雷达产品是针对可以变现的市场上的应用，比如 AGV[1]，因为我们预测固定场所的无人驾驶市场会最先爆发，未来的无人驾驶所需要的激光雷达技术应该是相控阵雷达，而不是现在大多数企业掌握的机械类雷达。机械类雷达不适用于未来无人驾驶，原因是它的精度不够，装配难度大，技术稳定性不够。"

目前，迈测科技已掌握固态激光雷达新技术——光学相控阵（OPA）。光学相控阵雷达具有结构简单、尺寸小、成本低、扫描速度快、扫描精度高等特点，是未来激光雷达的首选技术。

俞智说："我们的目标是 2019 年年底完成 IPO[2]，希望登陆创业板。在五年内，迈测科技要做到全球测距行业内'短距高精'占有率第一；在十年内，迈测科技要成为全球所有测量方案提供商，做到全球唯一拥有全部测量方式的公司。"

---

〔1〕自动导引运输车。

〔2〕首次公开募股。

"现在国内有非常好的创业环境，有更多跨越的新机会，只要你眼光独到，就可能实现跨越式发展，这在国外是不具备的。"

吴元，博士，毕业于英国布拉德福德大学，深海精密科技（深圳）有限公司、深圳市海西高科有限公司总经理。

深圳市海西高科有限公司获 2017 年中国深圳创新创业大赛总决赛企业组三等奖、2017 年光明新区创新创业大赛企业组优胜奖。

吴元：

聚焦高端医学影像的创新斗士

国内高端医疗影像设备市场长期被国外巨头把持，其中血管造影机更是难见中国品牌的影子。吴元这位"80后"年轻海归却勇敢地对这个领域发起了挑战。

吴元说："我刚回国的时候，晚上八九点才下班。后来开始创业，睡眠就越来越少，深夜 12 点多才走出公司大门是我的生活常态。每攻克一个技术难关、每解决一个生产工艺难点，我就有一种深深的自豪感和成就感。这一切都是我与团队成员并肩作战取得的点点滴滴收获。"

| 海归扎根产业化

吴元从小过着衣食无忧的生活，每逢寒暑假，就跟同学好友结伴爬山、旅行和参与极限运动，他儿时的梦想是当探险家。但到了英国布拉德福德大学之后，他就告别了这种生活，周末只能宅在家里，甚至还曾经一个人过圣诞节，"无处话凄凉"。这样的生活不是他想要的。让他郁闷的还有博士研究课题。他跟随导师参与了英国的国际合作项目"布拉德福德远程图像传输和处理系统合作研究（E 8101020）"，负责算法开发，研制了云检测系统。"这些项目在我看来不太有挑战性，大多是政府项目，而不是

吴元（左一）、刘住音（右七）和团队成员

接地气的产业化项目。"他决定回国，暂缓申请博士学位。这意味着这博士学位以后多半是拿不到了。

2009年，回到广州的吴元跟随硕士阶段的导师一起做项目。吴元回忆："在之后的五年里，我接触到很多工业化的应用技术，包括全自动X射线轮毂检测设备、全自动线阵X射线食品异物检测设备、光学摄像模组自动调焦设备、汽车轮毂生产线自动型号识别与分流设备等。这些设备看似不一样，共性都是以图像处理为核心，我在承担项目的工作中开阔了眼界，也知道自己在哪个方向更擅长。"令他自豪的是，他所参与的项目有部分产品在国内市场占据优势地位，某些高端型号已经出口至国际市场，相关产品在实际应用中均取得良好的经济效益和社会效益。

2011年年底，吴元负责日本东芝X射线医疗平板的软件系统开发及相关算法研发集成，对医疗设备行业产生了浓厚的兴趣。"因为在珠江三角洲，提供工业设备技术服务的厂家很多，而做高端医疗影像设备的国内企业很少，医疗设备是一个周期长、门槛高、风险大的行业，但国家有政策在大力扶持，所以我很看好医疗设备的方向。"

2014 年 5 月，吴元和要好的朋友、同学一起凑了 120 万元，在广州科学城租了一个场地，开始做数字减影血管造影（DSA）设备的前期研发，因为在国内市场，该领域长期被西门子等国际巨头垄断，几乎不见国产品牌的影子。后来由于要购买一些国外的器件，吴元注册了广州市海西软件有限公司。

在广州，吴元团队首先上马了 C 型臂 X 射线机项目，成功开发了功能性样机，在公司建设了医院手术室的仿真实验环境，对样机进行了测试与评估，邀请医生实际操作设备，产品终于达到了预期效果。

| "背靠背"结下深厚战斗情谊

由于深圳的医疗设备产业链条更完整，更有利于产业化，从公司未来发展的角度考虑，吴元决定把团队的原班人马带到深圳。2015 年 12 月，深海精密科技（深圳）有限公司（简称"深海精密"）在深圳光明新区注册成立。他们租下 1000 平方米的厂房，准备研发真正的产品样机。

研发生产大型医疗设备，烧钱肯定是少不了的。吴元却称"早期阶段并不差钱"。原来，深海精密的创始人团队中，除了他是技术型的，还有分别负责销售、资金的专门人才。"来深圳两年多，股东们累计投入了1500 万元，我们成功开发了产品样机，已经进入送检阶段。"吴元自豪地说。

在他看来，创业最艰难的是要寻找到合适的机械加工供应商。当时要做大型 C 型臂，吴元发现由于量太少且加工难度大，在珠江三角洲迟迟找不到合适的供应商，一直寻觅了近一年时间，才在昆山和东北重工业区找到两家工厂愿意帮他们。"我们常常要哀求供应商合作，即使我出了三倍的价钱，也不一定能说服供应商配合我们。有的高端机械厂只愿意接外单，对国内企业的加工需求直接拒绝,这给我们的研发进度造成了巨大的困难。但无论怎么艰难,我们的团队都逐一解决了这些难题,如大海捞针一样把优秀供应商挑选出来。"

2017年5月,光明新区留创园通知吴元参加第九届中国深圳创新创业大赛。吴元进行了充分准备,过五关斩六将,最后站在了电子科技行业决赛的赛场。"那天非常惊险,演示文稿才播放到第三页,投影仪死机了,我实在没有办法继续介绍。但这时,陪我一起去参赛的同事——韩国釜山国立大学博士刘佳音灵机一动,举着iPad给评委们看演示文稿。我在这边介绍,她在那边就翻动页码,这样才完成整个项目的展示。没想到的是,我们居然夺得了电子科技行业一等奖、总决赛企业组三等奖的好成绩!"

此次大赛之后,有不少投资商给吴元抛出了"绣球",但他认为眼下还不是最好的融资机会,因为顺利取得医疗器械注册认证之后企业才会有更高的估值。"参赛对于我们重新认识自己的项目很有帮助,比赛过程中,我接触到投资商、上下游的行业资源,对企业未来发展大有好处。"

| 填补空白需要付出巨大代价

吴元从一开始创业,就瞄准行业空白,下定决心做具备重大创新价值的产品。例如,深海精密研制的数字减影血管成像设备是将术中三维与血管造影合而为一,集成了产业界最新的核心器件和设计理念。

一谈及技术吴元就滔滔不绝:"医疗设备研发周期长,更新换代慢,最畅销的GE OEC 9900已经销售10年,今年刚刚推出了更新型号。我们的产品则是花一台设备的钱买两种设备。我们针对国内医疗环境和医生使用习惯设计,这款设备是唯一的临床医生使用的大型设备,其他大型设备,如 CT[1]、磁共振等均为技师使用。此外创新设计包括无线缆设计、低剂量自动曝光控制、深度学习模块等。"

吴元介绍了一个颇具难度的创新点，就是花了近三年的时间，实现了三维的技术突破。由刘佳音博士带领三维团队攻克关键技术，最终重建的三维图像效果可以和西门子产品媲美，10 秒完成三维扫描与重建，比目前业界最快的美敦力的 O- 臂还要快 10 秒。

这些技术难点的攻克，无一不是团队成员废寝忘食地加班完成的。第一批团队成员家都在广州，有时一个月才能回家一次；有的骨干住在公司附近，常常加班到深夜 11 点才能回家。谈到队伍建设，吴元说，在高端医疗设备领域创业，还要面临一个难题，就是很难找到合适的人才。起步阶段，吴元主要发动了同学、师弟和师妹；到深圳继续创业后，进行社会招聘，发现懂得三维 DSA 技术的人才基本找不到，只有找一些基础性的人才进行培养。

如今，吴元对自己带领的团队非常自豪，团队成员不仅有充分互补性，而且能征善战，典型的工程师文化也让企业管理显得简单而高效。

虽然是初出茅庐的创业新手，吴元对企业的规划却显得很长远。他说："我很早就希望做市场上没有的创新产品，因此我做足了心理准备，虽然找人才、找供应商、研发攻关等处处都会有困难，也会带给我各种焦虑，但技术上一旦取得突破，就会有特别大的成就感！最近，我在将公司现有的核心技术在工业领域变现，比如工业 CT、智能检测算法等。医疗设备领域的研发和认证过程太漫长了，我希望公司在等待医疗认证的过程中可以在工业领域实现部分'造血'功能。"

---

[1] 计算机层析成像。

海归创业要注意什么

　　海归人才因为拥有了留洋经历，通常眼界更为开阔，技术更为领先，那么他们在回国创业的时候应该注意什么问题呢？

　　第一，海归创业一定要够"土"。海普洛斯创始人许明炎认为，海归创业一定要够"土"。他说："回国创业就是把自己从'海龟'变成'土鳖'的过程，需要自己到处去觅食，努力生长，拼命繁殖。如果回来只是整天穿洋装，夸夸其谈，那肯定不行。我们要土洋结合，一定要接地气。我刚回到国内创业时，一个医生都不认识，我就一家家医院地跑，加入医疗微信群，添加所有人聊天请教。找不到血液样本的时候，我就抽几管自己的血拿去测试。"

　　第二，要考虑所拥有的技术是否有市场需求。深圳市免疫基因治疗研究院院长张隆基说："如果你想从高校出来创业，必须首先考虑你的技术有无市场需求，是否能够平民化转化应用。如何利用你的技术成果在激烈市场竞争中活下来，这是创业头等大事。因为创业之后，决定你生死的肯定不是发表多少论文，而是你的技术到底有无市场需求。国内外从事免疫基因治疗的人很多，但真正有实力把免疫基因治疗的价格拉到平民价格的，那是屈指可数啊。因为这就是靠技术实力说话的地方。"

　　第三，对未来的预期不要太好，比如，预期未来几年会有大幅度的业绩提升。创业者保持一颗平常心最重要，因为科技行业的创业道路非常坎坷曲折，对未来不要过度乐观，而要以谨慎的态度把产品和技术做得更扎实，这才是事业的根本。迈测科技创始人俞智说："现在，国内激光雷达产业趋热，造成相关企业融资较容易，有的创业者互相攀比融资金额和企业估值，这是不对的。所谓估值，是投资者对企业未来的预期，并不是企业真正的价值所在。其实融资过多的企业，资金使用效率很低，这对企业未来发展并不利。企业估值越高，未来的经营压力就越大。所以，我认为，不要用一直烧钱的方式来经营企业，而要用谨慎的态度把产品和技术做好，扎扎实实地让企业赚到钱，这才是企业经营的根本。"

第四章

不破楼兰誓不还

成功的秘诀只有两个：第一是坚持到底，永不放弃；第二就是当你想放弃的时候，就按照第一个秘诀去做。

——丘吉尔

陆海传，从事过跨境网上零售业务，也办过工厂。2010年开始布局的多语种自有网站为他的再次创业奠定了基础，新成立的深圳市傲基电子商务股份有限公司如今已是跨境电商中的杰出代表。

李泉，创业三次，前两次都惨败收场。如今，他创办的深圳华迈兴微医疗科技有限公司成为体外诊断设备领域的新星。

石义海，曾经因创业赚得第一桶金，但也有过投资失败的惨痛教训。如今，他创办的深圳市鸿效节能股份有限公司是招商局物业、万科物业、保利物业、中信物业等知名物业公司长期合作的节能服务商。

孙蓬，曾经成功将国产环状标测电极打入外资巨头垄断的三维市场。如今，她联合创立的科睿驰（深圳）医疗科技发展有限公司风华正茂。

创业对这些创业者来说，已经不是新鲜事。他们是连续创业者，站上过巅峰，也跌入过谷底。他们的故事各不相同，却又有着相同的精神内核——坚持不懈。

"连续创业就是从一个坑跳到另一个坑，每次之所以能够绝处逢生，是因为我们团队能及时地果断转型。"

陆海传，毕业于德国曼海姆大学，深圳市傲基电子商务股份有限公司董事长、总经理。

深圳市傲基电子商务股份有限公司获 2014 年中国深圳创新创业大赛总决赛企业组三等奖。

陆海传：

傲基助力中国品牌走向世界

深圳市傲基电子商务股份有限公司（简称"傲基电商"）是登陆新三板的首家跨境电商企业。傲基电商创始人、董事长兼总经理陆海传说："当流量时代留下的红利没有了，我们手上还能剩下点什么？拿什么与海外品牌去竞争？我想到要尽快构筑技术壁垒，想到利用中国供应链优势，结合电商通道，再提升研发实力，最终能形成与国际大品牌相抗衡的中国新品牌。这就是傲基的梦想。"

开启创业大门

当促销员、洗碗、刷盘子……2001年来到德国曼海姆大学留学的陆海传跟大多数中国留学生一样，周末、假期都在勤工俭学，靠打工赚生活费。

2002年，与陆海传在国内就认识的连会越从上海来到德国罗伊特林根大学攻读计算机科学硕士学位。这两个好朋友常常在周末聚在一起。

一次买家具的经历，开启了这两个留学生的创业大门。由于德国饰品店里的家具非常贵，陆海传只能通过上网购买一些国内的二手家具。"那时网上的二手国产家具，几乎只要二三十欧元就能买到。"正是这次搬家买家具的经历，让陆海传对电商产生了兴趣。他发现，中国产品在国外的价格非常低，比如，蓝牙 GPS [1]、导航接收器、MP4 等电子产品要比国外便宜五六百元。

2003 年暑假，陆海传与连会越来到深圳华强北，购买了笔记本电脑、GPS、车载导航等一大批电子产品，在 eBay 平台上开展网络零售等业务，把中国的数码配件、电子产品等卖到国外，"只需挂到网上，一个月就有十几万元的收入"。

短短两年时间，陆海传就赚了几百万元，在德国留学期间的学费和生活费靠做"网商"的收入就都解决了，甚至还能孝敬父母一些钱。

2005 年 6 月，陆海传毕业。他意识到长期在网上卖东西并没有长远的发展前途，因此他想从"网商"转型做国际贸易，与两位好友在德国汉堡注册成立德国傲基国际公司（简称"德国傲基"），从事中德贸易批发。

"最初，我们把深圳的电子产品、义乌的小商品批发给德国当地零售商，给当地超市做促销，但后来发现现金流很慢，利润率也没有在网上做电商高，库存滞压率高，库存动态很难管理。于是我们想把风险转移到零售方，实现多客户，于是把库存商品放在网上零售，也就是从事批发以及 eBay 平台的网络零售等综合业务。"陆海传坦言，在这个过程中，他对进出口贸易形势、中德的海关规则及税务规则、物流管理、仓库管理、现金流管理都有了更深刻的认识。

陆海传不喜欢做没有挑战性的工作。他说："2007 年，我对这摊业务又不感兴趣了。当时连会越也研究生毕业了，我就把德国傲基的工作交给他打理，我自己回国和朋友投资创办了南岛机电工厂，专门生产、销售高端笔记本电源和弱电保护器等。我主要负责产品的研发与销售。这段工作

---

〔1〕全球定位系统。

陆海传（右）与连会越（左）

经历让我积累了在产品定义、产品设计、产品生产和研发管理方面的经验，在我今后创办傲基自有品牌的时候又大有帮助。"

南岛机电工厂的运转并没有达到陆海传的预期。2008 年，他从这个厂退出，在深圳专门负责德国傲基的供应链管理。从 2009 年开始，他把德国傲基的销售业务移到深圳来，在深圳招聘懂德语的大学生，从事跨境电商业务。

｜ 转型做 B2C 跨境电商平台

2009 年，德国傲基开始正式专业化、市场化的运作，年交易额已接近1 亿元，是 eBay 亚太区销售榜的第一名。

2010 年 9 月，陆海传和连会越携手，成立深圳市傲基电子商务股份有限公司，把深圳制造的琳琅满目的电子产品——充电宝、车载充电器、电子零部件、电脑周边产品等，统统搬到网上去卖。陆海传大胆摸索新创意，挖掘新路子，建立了独立的跨境电商网站，在国内尚未成熟的跨境电商平台开拓了一片属于自己的疆土。

这期间，他尝试设计了"EFOX"系列品牌，产品包括 MP3、手机等电子产品，傲基电商负责产品设计、包装等，采取委外加工的模式，将自有品牌商品放到 eBay 上销售。最初效果不错，销售收入有数千万元，但由于电子产品的好评率达不到 eBay 要求的 99.8%，结果一夜之间惨遭封号。

"当时公司有 30 多名员工，以前每个月收入几十万元，一旦封号，就是每个月损失几十万元。我意识到依赖第三方平台经营很不安全，也不稳定。由于规则不透明，我们的业务就很难做大，这根本不能算作是我的事业。"陆海传说。他跟连会越一合计，决定转型做 B2C[1] 跨境电商平台。

当时，陆海传用"EFOX"注册了 B2C 网站，用德国的批发业务养活深圳这边的电商队伍。由于不懂 B2C 业务，陆海传和连会越到厦门、泉州等地参加各种培训，学习网络搜索引擎优化等技术，从基础架构、商品搜索、用户体验分类到服务器管理等，全部从头学起。

陆海传和连会越的努力没有白费，傲基电商在国内 B2C 跨境电商平台领域做得风生水起。2011 年，傲基电商的平台已经是德国最大的 B2C 跨境电商平台，年销售额 5000 万元以上。

傲基电商的迅猛发展吸引了投资者的目光。2011 年 8 月，深圳市创新投资集团有限公司的投资经理金燕开始接触傲基电商。经过多次考察，

---

[1] 即 business-to-customer，是企业对消费者的一种电子商务模式。

2012 年 4 月，深圳市创新投资集团有限公司投委会决定投资傲基电商 3000 万元。

"这笔投资对傲基电商的发展至关重要。因为我之前经历过几次创业，都没有找到归宿感，而获得投资后，我对资本市场有了更加深刻的认识，也更重视企业的规范运营和规范治理。如果没有这笔投资，我们现在可能还是一家很普通的民营企业，处于很原始的状态。我非常感激深圳市创新投资集团有限公司在我们尚处于起步阶段就给予投资。"

2013 年年底，傲基电商开通了法语、意大利语、西班牙语网站，全面针对欧洲市场开展 B2C 跨境电商业务，并且依据市场需求开展全品类运营，积极筛选无人机、手机、移动 3C[1]、服装、百货、家居用品等品类，整合大疆、魅族、联想等国内一、二线品牌产品及其他高性价比产品，不断扩充品类、扩大产品规模。同时，为了有效解决传统跨境物流的痛点，傲基电商在法国、德国、西班牙、英国、美国等国家布局外仓，提高跨国寄件退换货等的效率，改善当地用户体验。

| 在互联网上做中国人自己的品牌

就在 2013 年年底，傲基电商做得风生水起的时候，陆海传开始思考电商的本质是什么。他认为，客户最在乎产品性价比，稳定的质量是最重要的；做好产品定义和工业设计，在互联网上做中国人自己的品牌，这就是未来市场的需求，也是傲基的机会所在。

于是，陆海传决定从 B2C 网站跳出来，全部精力投入到品牌建设上。

---

〔1〕即计算机（computer）、通信（communication）和消费类电子产品（consumer electronics）。

外国客户参观傲基电商

这时，他过去开工厂时积累的供应链管理、产品定义和研发管理等经验全部派上用场。2014 年年初，傲基电商成立 AUKEY 品牌事业部，开始布局自有品牌生态链，凭借对海外消费者需求的把握和国内供应链整合方面的优势，在 3C 电源、蓝牙无线、智能家居等品类发布以 AUKEY 品牌为主的系列产品。

他说："过去三十多年，中国通过改革开放，沉淀了大量的供应链资源。未来三十年，将会有大量的中国品牌崛起，让中国品牌走向世界，这就是傲基的使命。创业初期，我们靠的是模式驱动。从 2014 年开始，我们转向靠产品驱动为主，用好的产品设计、产品定义来打造 AUKEY 品牌，面向欧洲的客户，建立起欧洲消费者对中国品牌的认知。"

然而，陆海传并不满足于此，他心心念念的是如何才能让产品显得别具一格，让消费者心动。陆海传认为工业设计和技术研发是构筑产品技术壁垒的两大"撒手锏"，公司设计师、工程师通过大数据分析市场需求，确定品牌定位、外形设计及功能，并申请相关专利。陆海传还从欧美聘来一流的设计团队，从产品定义到工业设计都由一流设计师操刀，多款产品获得国际设计大奖，包括德国红点奖和 iF 奖等。

| "弯道超车" 的捷径

2016 年，傲基电商销售收入为 22.18 亿元，利润超过 1.2 亿元，很多上市企业找上门来，询问陆海传是否有被并购的意愿。"我如果不转型做自有品牌，也难逃被并购的结局，因为目前跨境电商的繁荣其实都是流量红利带来的成长，随着流量红利的消失，未来业务并不稳定，而且随着竞争加剧，利润也会下滑，同时还需要很多的资金来支撑逐渐拓展的跨境电商业务。我们选择建立起自有品牌的核心竞争力和竞争壁垒，才能不被收购，还能做大做强。"

陆海传还为傲基电商寻找了另外一条"弯道超车"的捷径，就是通过投资参股欧美创新型公司，构筑技术壁垒，提升 AUKEY 和其他战略品牌产品的创新力、竞争力和附加值，更好地引领中国新品牌走向世界。截至 2018 年 6 月，这样的案例将近 30 个，涉及智能芯片、蓝牙无线传输等领域。这些全球领先的技术赋予傲基电商独特的创新能力，构筑了较高的技术门槛，确保 AUKEY 品牌更加从容自信地走向世界。

陆海传并没有因为傲基电商的业绩年年走高而沾沾自喜。他坚定地说："过去，傲基是模式驱动型公司，现在努力做成技术驱动型公司，等到流量红利消失之后，我们还有能力与国际品牌正面竞争，那时才算我们真正走出了一条中国新品牌走向世界之路。"

——

"创业中出现的一些必然性，其实就是创业者
自身不断坚持与积累的结果。"

李泉，深圳华迈兴微医疗科技有限公司董事长。曾任职于迈瑞、蓝韵实业。

深圳华迈兴微医疗科技有限公司获 2017 年中国深圳创新创业大赛总决赛企业组三等奖、深圳
坪山区第二届"麒麟杯"创新创业大赛企业组三等奖。

李泉：

体外诊断设备领域的新星

深圳华迈兴微医疗科技有限公司（简称"华迈兴微"）董事长李泉在大学里学的是汽车制造，但到广东找工作的时候却机缘巧合进入深圳迈瑞生物医疗电子股份公司（简称"迈瑞"）做工程师，命运在这里拐了一个弯。

李泉天生并不爱折腾，却已经有了三次创业的经历，前两次因为种种原因以惨败收场。创办华迈兴微是他第三次创业，却意外闯进一片蓝海，成为体外诊断设备领域的新星。

｜ 再不出去闯闯以后也不可能再创业了

1999 年春节过后，李泉在火车站等待一个发小，他们相约一起到广东打工。可出发前，发小居然爽约了，只有他独自上了去广州的火车。

在此之前，李泉已经在柳州一家国有汽车发动机制造厂做技术研发七年了，虽然工资不高，可平时使用的软件、设备都是最先进的。这为他后来进入民营企业做研发打下了扎实的基础。

这一路，他怀着一个希望：过去只拿不到 500 元的月薪，这次如果能成功进入广州东风本田，月收入能上 3000 元就很好了。

然而，东风本田没有录取李泉。李泉只好来到深圳，入住福田区下沙一家小旅馆。从旅馆走出来，李泉远远看到福田人才市场，走进去看到的第一个招聘广告是迈瑞招聘机械工程师，他尝试着投了一份简历。

迈瑞通知李泉去面试，由于他熟悉最先进的三维设计软件，当场就被录用，并进入一个最新技术项目研发小组，目标是研发中国第一台全自动生化分析仪。

"这个项目难度非常大，没有人知道全自动生化分析仪应该怎么做。从我进迈瑞算起，前前后后一共花了五年多时间，我们才终于做出中国第一台全自动生化分析仪。"李泉回忆道。

李泉刚进迈瑞时月薪3000元，不到五年就升为主任工程师和项目经理，月薪达到8000元。李泉说："在迈瑞工作时，我学习了很多有用的东西。后来我从迈瑞出来创业，主要是想把自己更多的有创意的想法变成产品，因为我那时已经超过35岁，再不出去闯闯以后也不可能再创业了。"

李泉在2005年3月离开了迈瑞。他没有想到，这一脚跨出去，竟会面临一年多的风雨飘摇。

| 两次创业，惨败收场

离开迈瑞，李泉和两个同事准备创业，但是三人都属于技术型人才，缺乏懂得营销的合伙人，于是找到珠海一家试剂公司，双方一共投入200万元，开发高速生化分析仪。

珠海股东把新产品的注册证、专利申请都登记在自己的公司名下，只跟李泉他们签了一份很不规范的股权合作协议。"用了一年时间，产品都做好了，注册证也拿到了，珠海股东要我们做研发的三个人去跑市场，这时我才深深体会到市场销售的艰难。那时我硬着头皮出去找经销商，由于不懂得营销套路，最后把几十万元的设备赊给经销商，却又收不回来钱。珠海股东最后对我们说公司的钱烧光了，产品也卖不出去，大家散伙吧！"

李泉很不甘心，这一年多夜以继日做出来的产品，竟然和自己无关。他要拷贝走自己开发的资料数据，结果和珠海公司发生了严重争执。李泉他们拿走了硬盘赶回深圳。这一天正巧大雨滂沱，穿着拖鞋、狼狈不堪的李泉回到深圳的第一件事情，就是找律师咨询如何状告珠海这个合伙人。

律师听了他们的创业经历，看完协议，对李泉说："这个协议其实是一张废纸，没有落款和公章，你们无法起诉他！"这句结论犹如晴天霹雳，让李泉跌入了谷底。

这时，李泉已经没有退路了，无法再去上班，一年多没有发一分钱工资，还烧光了所有的积蓄，刚出生不久的孩子嗷嗷待哺，妻子又没有工作。那段时间，郁郁不得志的他几乎要崩溃了。

"生活会逼得你变得坚强。我没有时间伤心，也没有时间抱怨。很快，我在海王大厦租了一套房子，注册了深圳市华擎科技有限公司，专门给别人做代工研发，开始了第二次创业。"李泉说，"第一次创业给了我惨痛的教训，我总结出几条经验，就是找合伙人一定要志同道合，创业时一定要有懂得市场营销的合伙人，一定要有充足的资金，要懂得融资，否则走不长久。这次血的教训，让我在第二次创业时一开始就有了清晰的思路。"

李泉盘算着，如果能找到合适的产业投资商，就能开始新的产品研发计划。2007年夏天，深圳市蓝韵实业集团（简称"蓝韵实业"）战略投资部看中了李泉的研发团队，决定投资入股，李泉也非常期待获得投资后能有更大的发展。

天有不测风云。就在收购前夕，李泉团队的一名成员被同行挖了墙脚，团队不再是完整的了，收购计划就此止步。

华迈兴微团队

"当时，蓝韵实业要上马研发体外诊断设备，向我发出邀请，说虽然不能收购我们，但我可以去公司负责一个事业部的工作。那个时候，我对创业已经心灰意冷，就接受了邀请。"李泉一脚跨进了大型医疗器械企业，做起了高管，成为蓝韵实业全系列全自动生化分析仪总设计师。

"这两次创业以惨败收场。我最潦倒的时候，弟弟给了我 10 万元做生活费。我觉得到深圳的前十年，自己都是在不断奋斗、拼搏中度过，没想到创业把打工七年攒下的钱都亏光了。我在蓝韵实业安心工作了六年，毕竟有份稳定的收入，可以养家糊口，我不想再折腾了。"已经到了不惑之年的李泉，几乎没有想过自己还会开始第三次创业。

| 为推动 POCT 设备国产化而奋斗

2013 年年底，在日本留学的司珂托朋友在深圳找到李泉，给他看一个项目，希望一起创业。

司珂介绍，日本的一个技术团队花了十三年时间，投入相当于 2 亿元人民币的巨资开发全球第一个微流控化学发光 POCT[1]，项目研发到一半，所有资金耗光了，公司也倒闭了，现在他将这个"半截子项目"带到深圳，看能否成功融资，继续研发和产业化。

　　李泉了解了这个项目的研发程度，惊喜地发现一个非常有价值的地方：日本团队通过十多年摸索，证明了一个重要原理，就是化学发光可以做成芯片级产品。但日本团队采用了一种汽车工业上才会用到的机械方案操控芯片，所以没有汽车研发经验的医疗器械工程师根本看不懂这个项目的设计原理。而 POCT 是分诊时代的宠儿，国内却没有很好的技术解决方案。李泉知道这个项目的价值巨大，市场化潜力很大。

　　李泉被打动了，同意与司珂一起创业，并于 2014 年年初在坪山成立了深圳华迈兴微医疗科技有限公司。他决定先找到天使投资，再重新启动对项目的研发。

　　由于这个项目在市场上没有对标产品，基本上没有人看得懂，李泉谈了几十家投资商，资金也无着落。

　　寻觅了近一年时间，在一次饭局上，李泉邂逅一位贵人。"吃饭时，我的旁边坐了一位女士，她是元禾圆点的投资总监，她问我是做什么产品的。我介绍了一下微流控化学发光 POCT 项目。她敏感地判断道：'这个是好东西，我要投！'原来，这位女士早前在美国最大的 IVD（体外诊断设备）制造商贝克曼公司市场部工作过，对 POCT 产品非常了解。"

　　2014 年年底，元禾圆点和中兴合创一起给华迈兴微投资 1000 万元。李泉立即招兵买马，开始对微流控化学发光 POCT 项目进行技术攻关。

---

[1] 即时检验设备（point-of-care testing）。

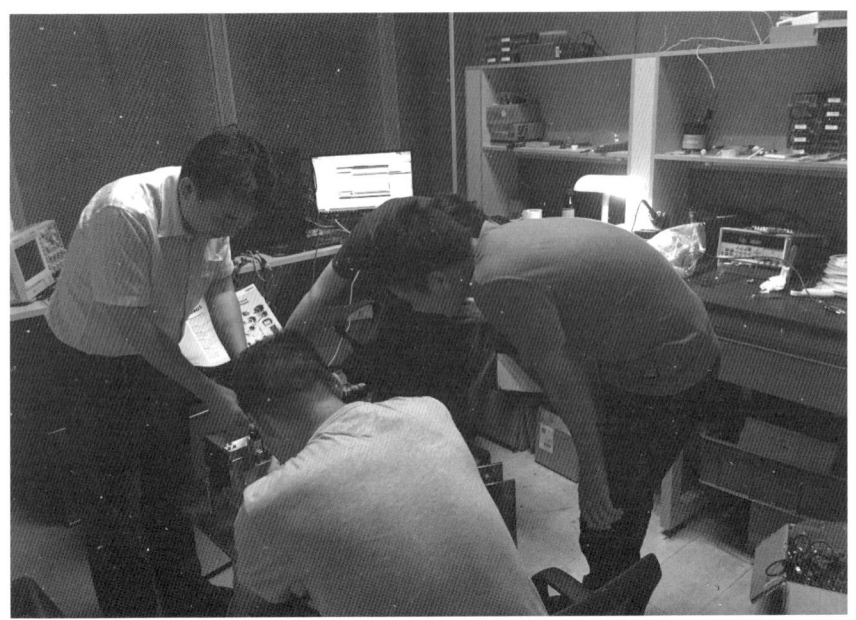
李泉（左一）和团队成员在工作中

　　李泉介绍，经过一段时间的研发，他发现了日本团队没有最终走通产业化的原因是设计方案有严重问题，于是华迈兴微团队重新设计了全新的软件驱动方案之后，扩大了应用范围，使得平台技术得以实现。"围绕这个技术的周边核心技术，我们申请了30多项发明专利，完整地保护了我们的技术创新点。我们可以把大型的分析仪器集成到小小的芯片上，实现了更高的灵敏度、更好的检验效率。我们拿自主研发的微流控芯片实验室与进口品牌同类大型设备相比，它在性能上完全可以媲美洋品牌。"

　　在华迈兴微第二次融资的过程中，投资商对知识产权归属进行了清理。达晨投资从司珂手上买断了股权，日本团队的技术占股全部清理干净。2016年年底，华迈兴微获得达晨投资、凯盈资本的3000万元投资。这个时候，华迈兴微自主研发的微流控化学发光POCT拿到了II类注册证。

经过三年的发展，华迈兴微一跃成为国内技术领先的微型化学发光分析仪生产厂家，它所研发的"极光"M2微流控化学发光分析仪是全球第一台微流控化学发光分析系统，检测精准度堪比大型化学发光检验设备，被专家誉为"领跑POCT 4.0时代"。李泉自豪地说："未来，我们的芯片可以实现一卡多检，仪器通过云平台大数据的连接，可以实现慢病管理，实现智慧医疗。"

一流的技术，在资本市场上永远是香饽饽。2018年3月，由深圳盈泰宏康基金领投、上海博威集团和山东江诣跟投的华迈兴微A+轮5000万元融资圆满完成。李泉说："除资本投资外，各投资方在医疗、医药、体检、养老、慢病管理等诸多产业链条上丰富的产业资源也将通力协作，为推动POCT设备国产化而奋斗。"

———

"创业要做最坏的打算，没有强大的心脏、过
人的勇气和坚定的信心，不要轻易创业。"

石义海，深圳市鸿效节能股份有限公司董事长、总经理。曾任职于国营 9304 厂科研所、德邦
电子、华广电子、泰吉通信、利万家。

深圳市鸿效节能股份有限公司获 2014 年深圳南山"创业之星"大赛企业组二等奖。

石义海：

看准节能方向义无反顾去创业

2010 年，从江西农村走出来的石义海在不惑之年创办了深圳市鸿效节能股份有限公司（简称"鸿效节能"），选择了节能作为创业的方向。

石义海说："节能降耗，回馈社会，这将成为我终生的事业舞台。"

| 第一次创业的机会

1991 年，23 岁的石义海从江西九江来到深圳。那个时候，深圳基础建设比较薄弱，需要各类技术人才，石义海很顺利就找到了第一份工作，在德邦电子（深圳）有限公司（简称"德邦电子"）担任技术主管。

石义海回忆："我是学无线电专业的，以前在九江一家国企工作，月薪不到 200 元，到深圳来工作收入会高很多，后来从德邦电子跳槽到了华广电子，做了两年厂长，学习并积累了一些企业管理的经验。"

1996 年，石义海跳槽到从事寻呼发射机开发、生产、销售的泰立康做销售员。虽然当时做销售员底薪不高，但他认为自己在销售岗位上得到的锻炼最大，而且勤奋的天性让他有了第一次创业的机会。

"我当时选择当销售员是想挑战自己，因为我本来性格极为内向腼腆，说话还会脸红。刚做销售员的时候，连电话也不敢打，有时说话也说不清楚。

但是没办法，你得生存啊，人很多的时候都是逼出来的。"石义海说，"我硬着头皮一家一家打电话，别人说有购买发射机的意向，我就上门去沟通、推广，最终成为公司业务量最大的销售员，个人业务占了全公司销售收入的七八成。"

石义海从一个内向的工程师成功转型为金牌销售员，其背后的秘诀就是两个字：勤奋。他每天都坚持工作到六七点以后才下班，有时甚至到十点才顶着星光回家。

功大不负有心人！苦苦拼搏了大半年的石义海，终于在1996年年底拿到了他生命中的第一笔大订单。他笑着说："那是梧州邮电局，一次性订购了15套寻呼发射机，60多万元的订单啊！至今想起来都还会激动。"

正是这份销售工作让石义海进入自己所喜爱并熟悉的通信行业，而且还锻炼了他的胆量和沟通能力，增强了业务能力，综合素质得到全面提高。"销售最能锻炼人。我是做研发出身的，所以过去不太懂得与客户沟通，或者说不太懂得听取客户的需求。做了销售员后，就要把产品对客户解释清楚，还要琢磨客户的真实想法，这段经历对我日后创业很有帮助。"

石义海的勤奋、专业、热情赢得了泰立康老板的信任，泰立康当时准备进入别的领域发展，就把寻呼发射机的技术和业务全都转让给了石义海。1997年8月，石义海在福田区注册成立深圳市泰吉通信设备有限公司（简称"泰吉通信"），专门研制、生产、销售寻呼发射机。泰吉通信从3个人起步，发展到后来的20多人，最初两年做得顺风顺水，1999年达到最高峰，年收入近千万元。

| 投资失败，再次选择创业

2002 年前后，寻呼行业很快走向衰落，泰吉通信也解散了。石义海带着在通信行业赚到的第一桶金，在全国范围寻找投资机会。

"那几年，我在贵州投资了铁矿项目，后来在湖南投资水电站，这些项目全部以失败告终，亏了近 2000 万元。"石义海不无惋惜地说。

2010 年，他又回到了深圳这片他最熟悉的土地，用最后剩下的几百万元资金投资成立了深圳市鸿效节能股份有限公司，经过深入的市场调查，最终确定针对水泵节能进行创业。

鸿效节能刚成立的时候，入驻深圳南山数字文化产业基地，享受南山区科创局对于入孵企业租金优惠的支持。从这次创业之初，石义海就为鸿效节能确定了 EMC（合同能源管理）的盈利模式，也就是由鸿效节能提供节能供水设备给客户免费使用，再从节省的电费收益中分成。这个盈利模式受到物业管理公司的欢迎，但前期启动需要垫付一大笔设备款及人工费用。为此，石义海从亲戚朋友处借款、向银行借款、卖房卖车，四处筹集资金。家人对此很不理解，纷纷反对他的孤注一掷。

"我对这个行业的前景看得很明白，但家人那时看不明白，反对的声音很大。"这是最令石义海感到痛苦的地方。

创业过程中，也有让石义海非常感动的时刻。鸿效节能的第一个客户就是深圳市科技园物业总公司。鸿效节能一个月可以给该公司的一个小区节约 4000 多度电。石义海不无骄傲地说："对于物业公司来说，节省下来的电费在他们总开支中所占比例并不大，他们更在乎自己的品牌，而传统的水泵容易坏，两三年后经常需要维修。我们的节能水泵免费供他们使用，寿命长达十年，如有问题，一个电话就上门维修，对物业公司而言省心、省钱、省人工，还能赚到节能的钱，那么何乐而不为呢！所以，有了科技园物业总公司这个样板工程，我们的节能业务在深圳市就好推广了。"

｜ "创业之星" 大赛中一炮打响

鸿效节能成立的前三年，石义海过得非常艰难，一边要加大投入做产品研发，一边要垫付设备费用及开拓市场，因此债台高筑。

2013 年，从亲朋好友处再也借不到钱，石义海只好求助银行。招商银行同意给予鸿效节能 2000 万元贷款，但需要石义海拿出鸿效节能 20% 的股权给招银国际作为质押，招银国际才同意为鸿效节能做担保。如果石义海不能如期偿还贷款，20% 的股权就要贱价卖给招银国际。石义海答应了这个条件，2000 万元贷款到位后，鸿效节能的业务也得到了迅猛的发展。

2014 年秋天，鸿效节能带着 "智能节能供水系统" 项目参加南山 "创业之星" 大赛。在项目路演环节，石义海举例说，曼哈顿商业广场改造前每月用电 16463 度，改造后为 5430 度，节电率 67%。招商物业在南山区的20 多个楼盘都使用了鸿效节能水泵，节能效果显著。最后，这一项目凭借多个技术创新点和独特的盈利模式获得大赛决赛企业组二等奖。

在南山 "创业之星" 大赛中一炮打响后，鸿效节能也迎来了新的发展契机，不仅很多物业公司、房地产公司、自来水厂知道了鸿效节能的 EMC服务并找上门来寻求业务合作，不少投资商也关注鸿效节能优秀的节能产品和独特的盈利模式，开始与鸿效节能接触。2015 年 5 月，鸿效节能获得上海胜道基金公司、深圳市拉芳投资有限公司共计 3000 万元的投资。

"如果说 2012 年朋友的 1000 万元投资让鸿效节能站住脚跟，那么后期的投资就让鸿效节能插上了腾飞的翅膀，很快我们就做到行业第一名。"

石义海对鸿效节能承担的节能服务项目如数家珍：招商局物业、万科物业、保利物业、金地物业、中信物业、长城物业、佳兆业物业等全国一千强物业公司有 70% 成为鸿效节能的客户，鸿效节能成为各个物业公司长期合作的节能服务商。

鸿效节能不仅给物业公司提供节能服务，还为自来水公司提供节能改造服务。为客户创造价值、合作共赢是鸿效节能的经营理念。为了更好地服务全国客户，鸿效节能在北京、上海、天津、武汉、成都等地开设了 26 个办事处，大力推广节能供水业务。

石义海对各地办事处经理的工作效率很满意，他说："这些业务经理热爱节能事业，非常敬业，勇于拼搏。就拿深圳办事处来说，才十几个人的团队，每年可以新做七八十个楼盘，累计做了 800 多个楼盘的供水节能项目。我们所实施的节能项目每年节电 2 亿多度，相当于节省电费 1 亿多元。"

"创业要做最坏的打算。没有强大的心脏、过人的勇气和坚定的信心，不要轻易创业。2012 年、2013 年是最艰难的阶段，真是苦苦支撑，等待着柳暗花明的日子到来。如今，我以前借的钱全都还清了，公司的利润每年都在稳定地增长。"说到这里，石义海的心情轻松了许多，"我非常看好节能这个方向，因为经过几十年的高速发展，节能减排、降低能耗是未来中国很长时间要走的路。我希望有一天，我国的 GDP [1] 能耗能降到世界平均水平。鸿效节能要为此继续努力，尽自己的责任。"

---

[1] 国内生产总值。

在节能领域继续大胆深耕

在石义海看来，节能领域还有很多事情可以做，他决定一头扎进去，开拓更大的事业疆域。

经过多年的摸索，石义海深知，做节能事业见效比较慢，需要沉下心来耕耘。"如果只是单纯去销售节能水泵，一年营业额可能有几个亿。我们做节能服务，销售收入增长并不迅猛，但投入五年后就进入收获期，那个时候利润才会源源不断地涌现，因此需要耐心等待。"

石义海坚信自己的判断，在所有人都反对的时候，他仍然坚持聆听自己内心的声音。"创业是一个会调动创业者周身细胞的事情，作为技术型的创业者，我全部身心都聚焦在企业上，企业已经成为我生活中最大的事情，大脑无时无刻不在思考企业的方方面面，包括技术研发、业务、团队管理、现金流等，甚至睡觉时也会思考企业的问题。"

2017年，石义海牵头研发了一套厨房节能系统，针对大型食堂、中央厨房里的冷柜、排风机、蒸柜、洗碗机、热水器等进行节能改造，节电率50%以上。鸿效节能对连锁酒楼和宾馆仍然采取节能电费分成的模式。

"我们通过对炉灶热水进行回收利用、减少热水设备使用频率、调整排风机的风速、改造洗碗机的水泵等措施进行节能改造，大型食堂一个月可以节省电费两三万元。如今，富士康中央厨房、国贸旋转餐厅、富临集团等都纷纷与鸿效节能签约，享受我们提供的EMC节能服务。"石义海介绍道。

另外，石义海计划从2018年开始在香港开展节能EMC服务。香港一家上市企业有市场资源和雄厚资金，石义海提供节能技术和EMC项目管理经验，双方将携手成立合资企业，共同开拓香港的节能市场。

2018 年，鸿效节能全年可实现节电 3 亿多度的目标，净利润可达 4000 万元。石义海说："高层楼宇供水节能就是一个庞大的市场，全国约有 30 万个小区，其中 90% 的小区有 50% 的节能空间。目前已改造约 1 万个小区，我们公司做了 4000 多个，所以这个市场还有很大潜力可挖。我们聚焦节能领域。为社会节能减排，降低能耗，是鸿效节能的使命和目标。我们会用技术创新来不断追求更好的节能效果。"

"创业不会是一蹴而就，也不会是一帆风顺，其间必须经历一些挫折，踏过几片荆棘。"

孙蓬，科睿驰（深圳）医疗科技发展有限公司联合创始人。曾任职于强生、美敦力、BD、心诺普等。

科睿驰（深圳）医疗科技发展有限公司获 2016 年中国深圳创新创业大赛生物与生命行业决赛企业组二等奖、2016 年艾卫德创新创业大赛（生物与生命科技）企业组三等奖。

孙蓬：

折腾是为了不断完善团队基因

　　身着一袭标志性黑长裙的孙蓬，身材高挑，充满职业女性的魅力。中学生物老师、世界五百强企业高管、医疗器械行业创业者，这三个看起来毫无联系的身份，却是她这一路走来的不同时期的职业标签。

　　作为科睿驰（深圳）医疗科技发展有限公司（简称"科睿驰"）联合创始人，孙蓬坦然地说："折腾是一个创业团队最好、最快的成长方式。创业不会是一蹴而就，也不会是一帆风顺，其间必须经历一些挫折，踏过几片荆棘。在创业团队共同经历困苦的过程中，不断磨合，不断成长，团队成员才会变得更富有责任、担当、勇气与智慧，让整个团队变得愈发有默契，视野与格局愈发宽广。"

| 学会"归零"的心态

　　2003 年，初出茅庐的孙蓬加入强生青岛公司，从事医疗器械销售工作。一年后，世界五百强企业美敦力向她抛出了橄榄枝，随后她加入美敦力并担任起搏器工程师。孙蓬本科学生物教育专业，硕士学医学免疫专业，出色的专业背景使她工作起来得心应手。

　　孙蓬说："那个时候，我真的是拼命三郎，在工作上充分认识到责任心与使命感非常重要，毕竟起搏器事关病人的生命！出于使命感和责任感，哪怕工作再忙碌，我也挤出时间学习专业知识，充实自己，让自己成为业务专家，更好地服务医生和患者。"

在美敦力工作期间，孙蓬遇见了未来的创业伙伴车海波，但这次相遇却是一场精彩绝伦的商业战。孙蓬回忆道："当时车海波是一家欧洲医疗器械公司的中国区销售经理，为了争夺山东医疗器械市场，车海波挖走了美敦力山东地区的经销商，想打我一个措手不及。"然而，由于孙蓬工作扎实、专业，竟牢牢地守住了山东市场。这让车海波很意外，同时也对这个二十多岁的小姑娘刮目相看。

2011年，车海波加入心诺普医疗技术(北京)有限公司(简称"心诺普")，组建商业运营团队。他首先想到了"年轻的行业专家"孙蓬，费尽心思将她挖过来挑市场营销大梁。随后，擅长渠道运营的沈强也加入团队。孙蓬说："虽然之前是职业经理人，但这和创建团队是不太一样的，这里需要有主人翁的意识，工作上要更加主动和投入。这可以算是我们第一次创业经历。"

但很快她就发现，从工作的"舒适区"出来要面临很多新的麻烦。比如，外企的品牌影响力更大，民营企业的产品要进入医院采购体系难度很大；外企管理非常规范，只需要按流程做事就可以，在民营企业很多事情都需要亲力亲为。以前自己是外企代表，而现在是民企代表，角色改变了，她需要换一种方式跟医院合作。

"我学会'归零'的心态，我不能老惦记着过去的光鲜，而要考虑如何在现有的平台上发挥作用，找到切入点，建立长久的合作关系。"孙蓬理智地分析了自己的处境。

有一次，孙蓬去外地出差，要见一名医学专家，可不小心摔了一跤，膝盖摔得血肉模糊，疼得站不稳。但为了不迟到，她在药店买了碘酒匆匆处理一下就赶过去了。医学专家看到孙蓬的时候，一眼看到膝盖上渗出的血。孙蓬告诉医学专家自己在来的路上不小心摔跤，不过不要紧。医学专家看到了一个女性的坚韧、执着、敬业，于是很认真听取她对国产品牌的详细介绍。不久，医学专家在一次医疗器械的学术会议上，强烈建议采用国产医疗器械。孙蓬对医学专家的支持非常感激。像这样的故事不胜枚举。孙蓬用自己的真诚态度、敬业精神、专业水平，打动各地的专家，和她合作的专家和医院越来越多。

| 真正让患者受益的产品是不愁发展的

通过在国产医疗器械领域的历练，孙蓬的内心打开了一扇窗："高大上的医疗器械咱们中国人也可以做得很好，中国医生期待有更多中国品牌应用到临床实践中，为患者提供性价比更高的治疗方案。"

这扇窗，也开启了团队新的创业征程。2012 年，一家研发心脏冠状动脉药物支架的民营科技公司恰逢新产品要开拓市场，便找到车海波，希望他可以组建一支专业的团队。孙蓬说："团队扬帆起航，这次还是为国产品牌医疗器械做市场营销；与上次不一样的是，我们成为这家公司的小股东，可以说这是我们的第二次创业。"经过第一家创业公司的锻炼，孙蓬和她的团队积累了关于临床实践、产品定义、商业模式的丰富知识，在新的平台更好地发挥出来，并更有自主性地设计发展策略，推动企业成长。

这家企业从销售为零起步，仅用三年，就做到年销售过亿元。其间，孙蓬团队密切配合，将深厚医学背景发挥得淋漓尽致。

作为一家新兴企业，该如何定位自己、如何建设品牌、如何生存发展，是摆在孙蓬面前的重要问题。"从临床来到临床去，这才是不变的真理，技术是竞争力的核心。"孙蓬团队经过和专家深入沟通，充分分析自己产品的设计特点，敏锐锁定 CTO 病变[1]治疗和胸痛中心救治急性心肌梗死这两个临床实践方向。孙蓬还主导策划实施了"环渤海 CTO 介入沙龙"等专业学术活动，与国内外顶级专家共同探索冠状动脉慢性完全闭塞性病变的手术技术培训推广。

"我们不做纯靠资源的简单商业行为上的硬碰硬，而是从发病机制、病变分型、手术操作方式，结合产品设计理念，精准确定目标疗法及市场。真止让患者受益的产品是不愁发展的。"孙蓬总结道。

| 要当行业里的"快鱼"

经过这两次创业，孙蓬更加深入了解医疗行业对于技术创新的渴求。她发现，中国市场不缺医生实践总结的创意，缺的是从创意到产品的桥梁。其中涉及研发、临床等诸多步骤。而只有中国人自己的企业，才能更深入了解和服务中国医生。

孙蓬和她的团队经过历练后，这种使命感越来越迫切，大家决定做一家自己的公司。

第三次创业就这么顺理成章地拉开帷幕，科睿驰应运而生，团队聚焦在微创医疗介入治疗设备、器械领域进行研发。

这是完全属于自己的创业，团队分工更加清晰：车海波负责战略方向，架构设计，研发实现；沈强在擅长的商业渠道上发挥价值；孙蓬负责融资及建立团队文化，增强凝聚力、战斗力；肖晨颖负责财务工作。

──────────

[1] 即冠状动脉慢性完全闭塞病变。

车海波接受媒体采访

　　孙蓬说："创业之初，我们创始人团队有两个共识：其一，我们不是小鱼也不是大鱼，而是要当行业里的'快鱼'；其二，我们是要做红海里的'一抹蓝'，设计开发出既能满足企业生存又有足够前瞻性的产品。"

　　孙蓬对于"快鱼"的定义是，在精益思维指导下，建立以结果为导向的学习型组织。她一方面发挥专业知识，进行专业的统筹和指导，另一方面具有超强同理心，以女性的细腻为团队设计积极的激励制度，提供现代化办公、生活条件，吸引人才，留住人才，并让人才在科睿驰平台上发挥聪明才智。

　　在孙蓬看来，要做一条"快鱼"，还要在融资上加快脚步。2015年年底，孙蓬参加苏州医疗器械产业创业家培训课，偶然遇到了中兴合创公司董事总经理刘明宇。刘明宇是医疗器械行业资深研发精英出身，成功转型为医疗健康领域投资人。孙蓬的专业和认真都给刘明宇留下了深刻的印象。不久，刘明宇专程前往北京与车海波交流，两人交谈甚欢。刘明宇认为，一个创业团队需要做到"稳定且富有战斗力"。毫无疑问，孙蓬所在的正是这样的团队。

2016年3月，中兴合创正式投资科睿驰，投资额达千万级别。孙蓬介绍，在刘明宇建议下，科睿驰报名参加了2016年中国深圳创新创业大赛，并夺得生物与生命行业决赛二等奖。

| 瞄准红海里的"一抹蓝"

"车海波是我们的领头人，他早年在北京安贞医院做心血管医生，后来在外企工作多年，所以他的专业能力和业务能力都足够强。他有一个梦想，就是用工程语言解读中国医生的临床需求，将临床需求变成工业产品，让更多医院用上优质的国产医疗器械。这个梦想把我们团结在他的周围。2010年，我们做同一件事，可以算作初步磨合。从那年到今天，我们已经共事了七八年。可以说，我们是连续创业的黄金搭档。"孙蓬对沉淀后更加专业和稳重的团队深感自豪。

随着对介入心血管领域产品线布局的完整扩充，科睿驰在深圳坪山建立总部基地。选择坪山，因为它坐落在创业之城深圳，有完整供应链、人才储备、保税区支持等便利因素；此外，政府部门积极、高效为企业提供支持和服务。

孙蓬介绍："我们要研发的产品，都是瞄准红海里的'一抹蓝'来定位。"通过国产电生理企业、冠状动脉药物支架企业的磨砺，孙蓬总结出，市场竞争是激烈的，红海市场品牌众多，价格战惨烈，企业要尽最大努力维持生存，但由于利润稀薄，无法为企业深入持续研发提供资源。蓝海来自临床未解决或者需要迭代的需求，把这些需求用研发能力实现，为临床提供差异化的工具，让更多患者受益，自然能达成团队的商业目标。

2017 年，孙蓬遇到济峰资本合伙人赵晋。济峰资本是一家专注医疗健康领域的新锐基金，不仅为科睿驰注入数千万元资金，助其完成 B 轮融资，而且促成美国硅谷 Galactic 公司与科睿驰合作成立研发中心，共同开发以光学相干断层扫描以及超声技术为平台的血管腔内影像学系统，包含设备、耗材、医学影像数据维护等。

正如孙蓬所说，从销售洋品牌的起搏器开始，到后来创业销售支架类产品，再到今天研发生产销售微导管等介入类医疗器械产品，这一路走来，她逐渐有了全局观，把整个团队打磨得更默契、高效。她说："我们将'以优质产品为医生提供便利，为患者减轻病痛'作为自己的使命，这是一个很美好的梦想。要实现这个梦想，实际上要走很长的路。我们现在这支创业团队，经历连续创业的折腾，不是亲人胜似亲人。我们一起走在实现梦想的道路上，肩负使命，干劲无穷。"

创业是艰苦的"持久战"

孙陶然在《创业 36 条军规》中说，创业是一场艰苦的"持久战"，"只有极少数人适合创业，其中只有少数的创业者能够成功，每一个成功的创业者都是九死一生的幸运者，创业者长时期为生存苦苦挣扎是常态"。[1]

打好"持久战"，是要讲究"战术"的。

第一，懂得进退的原则。第二次创业惨败之后，李泉看到了自己在销售方面欠缺资源，对合作伙伴的选择缺乏判断，对投资商的引入远远不够，于是选择了重新打工，一边工作一边积累资源，等待新的机会。第三次创业的时候，李泉吸取了前两次创业失败的教训，公司成立不到一年，合作伙伴、投资商、销售资源就全部到位，成功地把失败的教训转化为第三次创业的能量。

第二，培养稳定且富有战斗力的团队。科睿驰的创始人团队共同经历过多次创业，因为共同的梦想，团结在车海波周围。经过七八年的磨合，他们已经成为创业的黄金搭档，彼此之间按照个人优势有明确的分工，又能凝成合力，每走一步都在积累经验、集聚能量，将团队打磨得更高效、出色。

---

[1] 孙陶然：《创业 36 条军规》，中信出版集团股份有限公司，2015，第 4 页。

第三，乘胜追击要慎重，学会适时泼凉水。陆海传在傲基电商 B2C 网站年销售额超过 20 亿元的时候，并没有被流量时代的红利冲昏头脑，而是冷静追问当红利消失，手上还能剩下点什么，拿什么与海外品牌去竞争。于是他从 B2C 网站跳出来，把全部精力投入到品牌建设上，创立 AUKEY 品牌。

第五章

甘当创业者的同路人

当你服务他人的时候，人生不再是毫无意义的。

——葛登纳

投资商、孵化器、创客空间和代理中介等机构，如同土壤、空气和水分，是深圳成为创新创业乐园的重要原因。

　　从帮助创客实践小小的创新想法，到寻找创业导师、组建团队，再到实现激动人心的融资梦，这些机构让深圳成为创客向往的梦想家园。

　　甘当创业者的同路人，是这些投资商、孵化器、创客空间和中介机构的共同心愿；帮助他人走向成功，同时成就自身的发展，是这些机构在深圳发展壮大的共同路径。

"要想真实地了解企业发展，提供更多管理经
验，就需要我们把管理孕育在服务中。"

孙东升，日本大阪大学工学博士，深圳市创新投资集团有限公司总裁。曾任山东大学教授、博
士生导师、金属材料研究所所长，日本通产省工业技术院研究员。曾获山东省优秀青年知识分
子标兵、山东省优秀青年科学家等称号。2015 年入选 "投中 2015 年度中国最佳产业投资人
物 TOP 10"。

孙东升：

打造中国民族品牌的创投航母

2018 年 6 月 11 日，深圳市创新投资集团有限公司（简称"深创投"）投资的宁德时代新能源科技股份有限公司（简称"宁德时代"）在深圳证券交易所创业板挂牌。这是深创投 2018 年第 5 家上市的投资企业。

截至 2018 年 7 月底，深创投投资企业数量、投资企业上市数量均居国内第一位：已投资项目 902 个，累计投资金额约 388 亿元，有 140 家投资企业分别在全球 16 个资本市场上市。深创投总裁孙东升说："深创投自成立以来，就一直坚持政府引导、市场化运作的原则。在粤港澳大湾区建设中，深圳将继续发挥创新引领作用。深创投则要借此东风打造中国民族品牌的综合型投资集团。"

┃ 政府引导，市场化运作

孙东升回忆，深创投是深圳市政府 1999 年发起成立的专业从事创业投资的有限责任公司。成立背景有两点：一是恰逢深圳举办首届高交会，二是当时深交所开始着手筹建创业板。深圳市政府为了支持科技成果转化、培育民族产业，决定成立深创投。

"当时，市领导给了我们三句话作为指导思想：一是政府引导，市场化运作，按经济规律办事，向国际惯例靠拢；二是立足深圳，面向全国；三是不塞项目，不塞人。这三句话的核心就是市场化运作，人才都从市场上招聘，依赖专业判断来选择项目和决策投资项目。"孙东升强调，市场化运作对深创投做大做强至关重要。

20 世纪末，国内成立了一批政府背景的投资公司，但由于创业板迟迟未开，在 2000 年到 2007 年，这些投资公司纷纷关门，能够生存下来的寥寥无几。

深创投熬过了那段艰难的时光，终于迎来创业板的顺利开启。在市场化运作模式下，深创投始终致力于培育民族产业、塑造民族品牌、促进经济转型升级和新兴产业发展，不仅推动一批民族企业做大做强，自身也获得了高速发展。

孙东升说，深创投的成功投资案例不胜枚举，介入阶段也不尽相同，有的是初创期项目，有的是成长期项目。然而殊途同归，深创投的贴身服务提升了这些企业的竞争实力，使其纷纷走上了发展"快车道"。

欧菲光科技成立于 2001 年，主要从事精密光电薄膜元器件的研发、生产及销售。深创投控股的创新资本在 2006 年作为牵头投资人联合同创伟业共同增资欧菲光科技，2007 年二次增资，成功助推欧菲光科技实现快速发展。欧菲光科技 2010 年成功登陆深圳证券交易所中小板，2017 年以 82 亿美元的市值入选《福布斯》"亚洲最佳 50 家上市公司"。

宁德时代是全球领先的动力电池系统提供商，在电池材料、电池系统、电池回收等产业链关键领域拥有核心技术优势及可持续研发能力。深创投于 2016 年 1 月在宁德时代 A 轮融资时投资该企业，并在企业上市申报等多方面提供了增值服务。2018 年 6 月 11 日，宁德时代在深圳证券交易所创业板挂牌，成为深创投第 140 家上市的投资企业。

深创投高管团队

　　除了投资制造业项目，深创投在互联网行业的投资方面也颇有建树。"2013 年，深创投投资酷狗音乐 8000 万元人民币，彼时该企业估值仅 5 亿元人民币。而今酷狗音乐估值 200 多亿美元，收益大约为 60 倍。"孙东升介绍，"目前，深创投累计投资了国内外 900 多个项目，其中制造业项目大约占三成，消费类电子和现代服务业占两成，其他分布在互联网 / 新媒体 / 文化创意、生物技术 / 健康、新能源 / 节能环保、新材料 / 化工、信息科技等行业。"

　　那么，深创投究竟有什么秘诀取得如此高的投资成功率呢？"深创投在内部倡导用 30% 的精力做投资，70% 的精力做服务。因为深创投只是参股股东，在管理介入方面很弱，要想真实地了解企业发展，提供更多管理经验，就需要我们把管理孕育在服务中，从而带动企业快速健康发展。"

孙东升说。

深创投 2008 年成立了企业家俱乐部,2017 年将其升级为企业服务中心,建设了一支队伍专门从事管理培训、上市培训、政策宣讲、上下游企业资源对接等。深创投利用集团 900 余家企业资源,拓展被投企业业务网络,促进产业链上下游企业之间的融合;利用与各地政府、银行的良好关系,推动政企合作、银企合作,满足企业各个阶段的政策需求及债务融资需求;通过组织各类型企业家联谊活动,促进被投企业间资源与信息分享,并建立人才储备库,为企业培养和输送人才;积极推荐券商、会计师事务所、律师事务所等中介机构,为企业提供资本市场咨询服务和并购服务。这一系列精准贴身的服务大大提高了深创投的投资成功率。

| 设立政府引导基金和合资基金

2007 年,深创投与苏州市政府合作成立了第一只地方政府引导基金,基金规模 3 亿元,开设立政府引导基金的先河。

"截至目前,深创投光在江苏省就成立了 20 多只政府引导基金。深创投充分发挥创投的先导作用,积极探索'国进民进'的经济增长新模式,率先建立并管理了 101 只政府引导性创投基金,规模超过 325.24 亿元,形成了全国性的投资和服务网络,基金回报率达 40.32%。"孙东升说。

除政府引导基金外,深创投还管理着多只商业化基金、中外合资基金,并设立全资公募基金子公司——红土创新基金管理有限公司。深创投管理的中外合资基金主要包括与新加坡大华银行合作成立的中新基金、与以色列政府合作成立的中以基金、与韩国政府母基金合作成立的中韩基金,以及中美基金。

2016 年 5 月，中韩基金揭牌

　　孙东升认为："在深创投发展的早期阶段，通过设立合资基金，我们可以向国外投资机构深入学习先进的投资理念、管理经验，这对深创投向国际惯例靠拢、健康快速发展非常有必要。"

　　2016 年，国务院发布了被称为创投"国十条"的《关于促进创业投资持续健康发展的若干意见》。这是创业投资起步以来，国家最全面、最系统的支持性政策，标志着创投行业进入 2.0 时代。抓住创投 2.0 时代机遇，通过"走出去"做强、做优、做大，在全球范围内投资布局尖端科技领域的优秀企业，参与全球竞争与合作，并以此提升服务投资企业、促进经济社会发展的能力，是深创投的战略选择。

　　2018 年 7 月 1 日，深创投和俄罗斯领先者资产管理公司在俄罗斯莫斯科国家酒店正式签署合作协议，正式启动中国 – 俄罗斯合作基金（简称"中俄基金"）的设立工作。依托中俄基金，深创投与俄罗斯领先者资产管理公司将开展多样化的项目合作，共同为投资企业提供投后增值服务，实现资源整合和促进企业业务发展的目的。双方计划于 2018 年下半年全面启动中俄基金管理公司和基金的设立工作，争取 2018 年年底实现基金正式落地。

孙东升说，创投"国十条"明确提出，鼓励境内有实力的创投企业积极稳妥"走出去"，积极分享高端技术成果。作为现阶段具备"走出去"条件和能力的本土创投机构之一，深创投必须主动承担这样一个历史使命，而深创投自身的发展也在客观上要求必须加快国际化步伐。

| 股权投资母基金的春天到了

2014 年，孙东升担任第六届中国深圳创新创业大赛决赛环节的评审专家，欣喜地看到很多优秀的科技项目通过这个平台脱颖而出，更加深切地感受到"深圳市政府在倡导自主创新方面走在全国前列，为创新创业事业营造了很好的环境，并且引进国内外一流大学来深办学，弥补深圳基础研究、源头创新的短板，引领深圳向国际创新中心的目标稳步迈进"。

"2015 年，我曾提出股权投资母基金的春天到了。政府引导性母基金有政策引导、数量众多、规模大的优势。最近三年来，深创投在股权投资母基金方面做了积极布局和全新的尝试。"孙东升说。

2016 年 10 月，深创投接受深圳市财政委委托，成为深圳市 1000 亿元产业引导母基金的管理人。随后，深创投又陆续与江苏银行、招商银行分别发起设立了 100 亿元的母基金。孙东升说："深圳市政府引导基金一直稳居清科政府引导基金榜首位，而我们管理的多只商业化母基金也具有市场化、专业化运作的优势。"

经过近二十年的发展，深创投已经成为中国创投界的一面旗帜，在国家"十三五"规划中，深创投为自己定下了新的目标——建设中国民族品牌的综合型投资集团。

孙东升说："围绕创投主业，深创投未来会在上下游进行拓展，做并购基金、不动产基金，以及生物医药、人工智能等领域的专业化基金，还将积极探索国际化的融资模式，进一步在境外募集更大规模的美元基金，加快实现募资和投资的国际化。"

———

"年轻的创业者一定要专注，专注于自己最擅长的事情上，不要见异思迁。"

厉伟，深圳市松禾资本管理有限公司创始合伙人、深圳市松禾创业投资有限公司董事长。北京大学名誉校董，北京大学教育基金会理事，松禾成长关爱基金会理事长。

厉伟：

帮助创业者走向成功我最快乐

深圳市松禾资本管理有限公司（简称"松禾资本"）创始合伙人厉伟，是很多创业者希望牵手的事业同路人。深圳很多知名企业，例如柔宇科技、光峰光电等企业的发展史上，都有松禾资本浓墨重彩的一笔。厉伟由衷地说："帮助创业者走向成功，我最快乐。"

由于经常参加登山运动，厉伟对创业者有了更深一层的理解："户外运动是我个人兴趣，我感受到创业就像登山一样，能深刻体会到团队的重要性。不亲自参加极限运动，就没有办法体会到团队的帮助有多么重要：在路上没有水了，分享同伴的半瓶水；没有干粮了，分享同伴的半个面包。"

在厉伟看来，创业越是艰难，越需要同路人的帮助。

｜ 创业者要有华为精神

在厉伟眼里，深圳是中国最具创新精神和创新土壤的城市之一，放在全球视野下来观察，深圳正在向国际一流的创新区域稳步迈进。

"深圳创业环境是全国最好的，体现在政府总是在企业需要的时候才出现；企业不需要的时候，政府不会干扰经营活动。不少企业家称几乎感受不到政府的存在，政府对这个度把握得很好。近年来，深圳市在大力鼓励发展天使投资，设立了专门的风险投资基金，说明政府的决心很大。我想说的是，天使投资是需要较长的时间才能见效，政府、投资人、媒体、全社会都要有耐心，创业者更要有耐心。媒体不要鼓吹今天投入了多少钱，很快就赚了多少倍。这样的论调就是急功近利，就是拔苗助长。我们应该鼓励技术创新、潜心耕耘的精神，鼓励创业者要有华为精神。我认为华为精神就是苦干三十年而不追求明年上市等短期的荣耀，不追求短期的回报，而是脚踏实地，埋头苦干，一门深入。"

厉伟是创业者的同路人，他积极给政府部门建言献策，为改善创业投资环境贡献真知灼见。他说："广东省非常重视风险投资，各地政府纷纷成立引导基金，初衷是为了给当地引进产业，但对引导基金设置了很多条件，这势必造成市场上一些有市场经验的优秀投资机构不愿意参与进来，最终造成政府资金的综合收益率降低。因此我建议政府采用更多经济手段来设置引导基金，而不是采用行政手段。比如，引进了多少家企业，政府可以拿出未来税收收益的一部分返还给投资机构；如果没有引入这么多企业，投资机构有义务把管理费返还给政府。采取行政手段来搞引导基金，不仅达不到预期效果，还很可能是一地鸡毛。"

在深圳投资界耕耘二十多年的厉伟，直言深圳的源头创新太少。"深圳很早就关注科技创新，对技术的引进、消化和吸收做得很好，但在源头创新上与国外相比还有较大差距。深圳如何打破这个僵局呢？我认为有两个途径：一是借助在深圳的几所大学，包括南方科技大学和深圳大学，对它们引进科学家、从事基础研究要加大投入力度，让这些大学真正走向国际，产生具有影响力的基础研究成果；二是鼓励大企业把研发力量前移，鼓励学习华为，对基础研究增大投入，政府可以针对大企业引进国际顶级科学家、从事基础研究给予更大的支持。"

| 做孵化器，就是要"送一程"

厉伟说："创业团队越是早期，我们为他们做的工作就越不该仅限于投资。投资完成，只是完成了工作量的一小部分，真正费力的是投后服务。投后服务相当于把创业公司扶上马，再送一程。而做孵化器，就是要'送一程'，要把服务做实、做透。"

为了更好地服务创业者，松禾资本与深港产学研于 2015 年发起设立松禾创新孵化器。厉伟介绍，松禾创新孵化器是松禾资本中早期项目投后服务平台的重要组成部分，南山基地位于深圳湾创业广场，空间面积 1500 平方米，专注于互联网、大数据、人工智能早期项目孵化和海外华人归国创业的服务对接；龙华基地位于龙华区锦绣科学园，空间面积 10000 平方米，专注于人工智能、新材料、新能源、智能制造、生命健康项目的服务和孵化。

那么，松禾创新孵化器是如何帮助初创企业的呢？

背靠实力雄厚的松禾资本，松禾创新孵化器首先"不差钱"，专业配套早期投资基金——松禾创新一号 1.6 亿元，松禾创新二号 2.5 亿元，松禾海创 10 亿元。同时，有松禾旗下多只涵盖早期项目投资功能的基金配套支持，包含聚焦 AR/VR[1] 领域的松禾暴风基金、聚焦人工智能领域的松禾远望基金、聚焦智能硬件领域的可可松基金、聚焦新材料新能源领域的国创新能、聚焦生命健康领域的松禾医健基金等。

此外，松禾创新孵化器拥有强大的资源池和高端大气的朋友圈。松禾旗下已投项目 400 多个，40 多家 IPO 阶段的企业和上市企业形成了强大资源池，企业上下游之间可以强强联合，也能优势互补。

---

[1] 增强现实/虚拟现实。

2014 年 5 月 23 日，厉伟在第九届玄奘之路戈壁挑战赛上

对创业者非常有帮助的是，松禾创新孵化器提供持续而高品质的创业辅导。孵化器为入驻项目提供"三对一"深度服务：一个投资经理、一个服务人员、一个行业专家。松禾创新基地导师团成员包含松禾投资的40多家上市公司高层，松禾资本合伙人、资深投资经理，其他机构资深专家、行业技术专家和知名教授等。

"松禾创新孵化器专注于技术创新，专注于早期投资。松禾创新基金投资的企业中，有2家企业申报了创业板，5家登陆新三板，1家被上市公司成功并购，60%的入孵企业拿到两轮融资。"厉伟说。

许多原来名不见经传的初创企业因为获得了松禾资本的早期投资，顺利成长为行业的翘楚。悦动圈、乐聚机器人、烯湾科技、矩阵新材……一张张新面孔成为耀眼的新星，在产业界冉冉升起。

｜投资者要有良好的心态

厉伟曾在接受媒体采访时说："合抱之木，生于毫末。创业投资家不仅需要善于发现价值的眼，也要有甘于长久等待的心。"

厉伟一再强调，做孵化器、投早期项目一定要有好的心态。因为做投资、做生意的成功有很大的运气成分。一定要记住，做孵化器首先是帮助企业、服务企业。"可能有一个企业，我们辛辛苦苦帮它减免房租、免费咨询服务好几年后，它不幸失败了或者壮大搬走了，我们最终没能投资进去，没得到更多收益，这时一定要有好的心态。只当做了几年活雷锋，做了一件好事。"

例如，新材料和医疗器械领域的创新项目，研发周期都相当长，投资风险也很大，投资人需要巨大的勇气。微纳3D打印技术原来是美国麻省理工学院纳米光电及 3D 纳米生产技术实验室里的一项技术，作为发明人之一的方绚莱得到投资人的青睐，和贺晓宁在 2016 年 5 月注册成立了深圳摩方材料科技有限公司（简称"摩方"），同年 6 月就获得松禾资本、移盟资本、光之华基金 2700 万元天使轮投资。厉伟说："我看好摩方这支海归博士团队，他们是干实事的年轻人。虽然新材料领域投资回报周期漫长，但好项目是值得期许和等待的。"2017 年 8 月 18 日，摩方完成由深创投领投的 6000 万元 A 轮融资。同年 10 月，摩方入围清科 2017 中国最具投资价值企业五十强。2018 年 4 月，国家眼科工程中心与摩方共同成立"光学镜片微纳 3D 打印技术联合实验室"。

又如，InnoMedi 是一家诞生于硅谷的初创公司，公司的成员均有在美国顶级 IT 公司多年的工作经验。他们开发了一款长效可穿戴心电采集贴，公司的未来发展是着力于与医疗系统合作，建立完整的数据中心系统，在精准数据收集的基础上，做大数据的挖掘开发和 AI 系统的研制。2017 年 2 月，InnoMedi 拿到松禾资本提供的种子轮风投。2018 年 5 月，InnoMedi 开始与中国人民解放军总医院合作，对产品的临床测试取得完满成功，并将签署长期科研和商业合作协议，同时也将开始 CFDA [1] 的认证流程。

除了初创期项目，松禾资本对行业"小巨人"也情有独钟。2017 年年底，松禾资本投了编程猫数千万元，主要是看好在未来的人工智能时代，编程对每个人来说，就像会数学一样，会成为一项基本技能。编程在青少年群体中普及，是一个全球性的大趋势。在国内，编程猫是这个领域做得最好的，也是最受国内青少年喜爱的。同时，编程猫团队的国际化背景，让他们在海外市场，比如芬兰、越南等国家也颇受欢迎。厉伟说："我们认为他们

---

［1］国家食品药品监督管理总局。

有非常大的优势和潜力成为这个领域的龙头。今年 3 月，松禾和编程猫签署投资协议。"

厉伟说："如果我投的企业成长了，为国家和社会做出了重要贡献，或者成为一家上市企业，让人们津津乐道，我就觉得最快乐。不是因为赚了多少钱，而是帮了多少人。这让我感到自豪。"

而对于失败，厉伟也有豁达的看法。他说，创业者不要因为失败而从此裹足不前；不要因为失败，认为社会都是黑暗的；投资者也不要因为创业者的失败，而否定一切，甚至跟创业者反目成仇，这都是不好的。只要是创新就有失败的风险，就一定会遇到挫折，因此要有耐心，有宽容的心去面对挫折和失败（或者是暂时的失败），千万不要丧失进取的勇气。"我们要宽容失败，不仅宽容别人失败，更要宽容自己失败。不要跟自己过不去，别跟自己较真，得不偿失，你的亲人也会受害。宽容失败，既包括原谅创业者的失败，还包括宽容政府在创新改革路上可能出现的失败。"

"在创业者最脆弱的时候我们贡献价值，未来
可以换取对优质项目的投资机会。"

李彤彤，深创谷联合创始人、董事长。曾任联想集团网络事业部副总经理、神州数码副总裁、
神州数码品众总裁。

李彤彤:

深创谷打造工程赋能平台

2018 年 6 月,深创谷入选国家发改委"国家双创示范基地重大项目",其独特的商业模式吸引了国内外不少创新团队的关注。

走进位于深圳南山区的深创谷产业化综合服务平台(简称"深创谷"),你会惊奇地发现,这里电子研发设备、机加工设备、研发 SMT[1]设备、可靠性测试设备、EMC/EMI[2]实验室等一应俱全,近百名工程师紧张地忙碌着,还有十多位黄头发的外籍工程师正在隔开的办公区里专心做着研发。开放而时尚的办公区设计,让整个服务平台洋溢着浓浓的国际范儿。

关于深创谷,创始人、董事长李彤彤说:"简单地说,深创谷专注于打造工程赋能平台,专为创投而生。"

瞄准国际技术"大咖"的创新项目

李彤彤说:"技术转化成产品并非易事,在这一点上,我和徐家斌、安岩很早便达成共识。2015 年年初,我们三人组建团队,在美国硅谷和深

---

〔1〕表面组装技术〔surface mount technology〕。
〔2〕电磁干扰 / 电磁兼容。

深创谷联合创始人、总经理徐家斌

圳成立深创谷。"

　　为什么深创谷一开始就要立足硅谷,瞄准国际技术'大咖'提供服务呢?李彤彤说,由于美国产业空心化严重,偏硬件创业的硅谷团队在美国本土找不到经验丰富的工程师和优质的供应链资源,软件背景的创业团队对硬件产品的把控能力有限,缺乏对研发、测试、试产到量产整个过程的了解。由于供应链资源整合难度大,加之硬件研发测试设备成本高昂,许多创业项目存在缺项,在生产、交付及质量保证上造成很多隐患,即使做出样机,离批量出货还有很远的距离。这就产生了一种迫切的需求,需要优质的工程服务平台来帮助他们实现创意产品的落地。"而这恰恰是深创谷创始人团队的优势,创始团队都是电子产业的老兵,曾在联想以及卓翼科技等优秀的实业公司工作，拥有二十多年的电子研发与制造经验。深创谷为硬件创业者提供从原型机到规模化生产过程中的垂直深度技术服务，帮助硬件创业与产业资源实现高效对接。"

实践证明，这个想法是可行的。

2017年秋天，来自美国加州大学伯克利分校的拉贾茨（Rajatesh）遇到了一系列工程技术难题——他的创业团队Graphwear正在开发一款基于皮肤表面汗液进行人体血糖、电解质、透明质酸无损检测的产品，却总是无法解决喷涂工艺等方面的难题。在硅谷投资人的推荐下，拉贾茨尝试着把他的产品带到深创谷。

李彤彤说："美国的俱乐部对比赛成绩非常看重，因为比赛成绩直接影响俱乐部的赞助，所以俱乐部委托伯克利分校的团队研发汗液分析仪，运动员佩戴了这个分析仪，教练就可以实时知道运动员的身体状况，在运动员体力不支的时候及时换人。伯克利分校的这个团队擅长的是核心算法和试剂，我们协助他们做产品工业设计、工程研发等工作，按照小时收取技术服务费。这一项目完成得很圆满。其核心技术是聚合物油墨（polymer ink）的开发，但是他们始终无法将聚合物油墨有效地铺设到电极表面形成均匀的纳米级薄膜并再进一步制成传感器，在实验室中始终只能达成2%的良率。深创谷工程师通过对材料特性深入了解和对各种喷涂电镀沉积工艺的比对，最终采用在线连续超声波乳化和雾化的方式实现了平均厚度1.4um的连续薄膜，得到了良好的物理和化学特性传感器膜片，推动项目进入到临床测试阶段。"

拉贾茨欣喜地说："效率对于一家IoT（物联网）创业公司非常关键，其中硬件交付是制约创业公司效率的最大障碍，做好硬件需要经验丰富的研发团队和供应链资源。跟深创谷已合作了两个项目，深创谷负责硬件研发和交付，Graphwear 专注核心技术和算法软件，双方团队的紧密配合，让项目成功推向了市场，在 2018 年 2 月顺利完成 400 多万美元的 A 轮融资。"

如今，深创谷除了在硅谷设有公司，在波士顿也建立了办事处，2018 年将设立欧洲分公司，全面完成海外布局。随着海外创业团队的口碑相传，深创谷距离利用硬件设计优势吸引更多国际技术"大咖"项目落户的目标也越来越近，而为来自发达国家的创业项目提供工程服务，丰厚的服务费本身就是一笔不小的收入。

当然，李彤彤还有更长远的规划："我们跟海外创新团队共同研发，一起工作半年多，联合研发的过程就是一个绝佳的对项目长期深入尽调的机会，那么对优质项目可以提供更多的服务，包括协助打开中国市场、提供融资服务等。通过高水平的研发服务，吸引优质创业团队，最终形成高效风险投资的闭环商业链条，这就是未来深创谷作为投资平台的收益。"

| 服务跨国企业的内部创新

深创谷对跨国企业的内部创新项目关注已久。李彤彤说："不论是欧洲还是美国的跨国企业，相比深圳的工作节奏、效率都显得比较逊色，但他们同样需要创新，也需要提高创新的效率。那么，深创谷就有了与他们合作的机会。"

2018 年春天，深创谷和全球最大的滤清器企业德国曼·胡默尔公司签署了战略合作协议。曼·胡默尔公司于 2016 年 10 月建立物联网实验室，2017 年 12 月在新加坡建立亚太区总部之后，开始在深圳开展业务。与深创谷的合作将使这家跨国公司的过滤专家能够获得深创谷的硬件研发资源支持，展开系列物联网产品的合作开发。

深创谷联合创始人、CTO 安岩

  "深圳已跃升为世界上最主要的高科技设计及制造业中心。深圳有一套完整的生态系统，囊括了在一地完成电子产品各阶段生产所需的所有要素，深圳的硬件资源和优势，能让我们快速完成产品研发及交付。"曼·胡默尔首席技术官查尔斯·瓦伦特说。

  硬件项目需要应对非常多的挑战，其中对团队最大的要求就是行业经验。搭建一个产品经验丰富的专家团队，或是找专业的技术服务公司合作，会让产品更加可靠地落地。少走弯路就能省下大量的时间和成本。

  查尔斯·瓦伦特认为，深创谷是一家专注服务初创企业的研发型公司，并利用硬件研发以及批量生产资源的优势，深度参与创业公司的产品研发全过程，与初创公司共同完成产品开发、推广和生产交付，一站式解决初创公司的研发落地难题，大大提高创新创业项目的成功率。

查尔斯·瓦伦特说："下一步是跟硬件资源丰富的深创谷合作，在深圳建立专业的研发资源来开发新一代的数字物联网产品，如智能滤波器，将是公司未来的增长点。"

李彤彤说，目前，奔驰、博世、西门子、三星等跨国公司的内部创新部门都正在与深创谷接触，未来在内部创新项目上将有更多的合作机会。

| 孵化国内高校尖端项目

除了在海外寻找高技术项目落地深圳产业化，在国内，深创谷锁定清华、北大、哈工大、协和医科大学等一流高校以及科研院所，寻找教授、博士生团队手上的优质项目，其用自身深度垂直扶持的产业链优势，让创新创业不再停留在实验室，将创新创业和科研成果落地，助力硬件创业团队实现真正的产业化、商业化运营。

李书纲是北京协和医院骨科教授、博士生导师，他专业从事脊柱外科疾病的治疗，但一直有创业的想法，希望能用机器人来帮助他做手术，提高手术的成功率，减少病人的痛苦。

2017 年，他带着项目从北京来到深创谷，寻求硬件工程上的帮助。深创谷的技术负责人安岩一看，发现这是技术很超前、应用前景广阔的医疗机器人项目，于是爽快地答应帮助他做研发配套。

"像这样的从高校、医院出来的项目都是处于很早期的阶段，不仅资金缺乏，而且需要较长时间地研发配合。工厂是不可能帮助他们做硬件配套的，因为工厂喜欢大订单，我们则雪中送炭，尤其是从 0 到 1 这个阶段，帮助实现产品交付。我们提供技术服务的项目，将创业者的想象力与经验丰富的制造者手中的资源实现无缝对接，让好的创意变成一件完美的产品，并能实现批量生产，这是深创谷独特的优势。在创业者最脆弱的时候我们贡献价值，未来可以换取对优质项目的投资机会。"李彤彤介绍。

2018 年，深创谷入选国家发改委"国家双创示范基地重大项目"，李彤彤计划用自有资金和政府资助继续加大投入，完善创新平台建设，构筑包括无线通信、传感器、声学、光学、专用集成电路、软件算法、人工智能等多技术融合的创新平台，下阶段重点建设一个业内一流的中试平台。

李彤彤颇有信心地说："我们这个平台其实也正是实现'中国制造2025'的一个重要组成部分，借助深创谷工程赋能平台，大力推动国内创新项目向高端制造转型升级。"

不一样的跨界，产生不一样的化学反应。深创谷与创业者携手，快速产业化，跨国技术转移，提供当地技术服务定制；与大企业结合，扶持内部创新，实现联合创新和创新技术并购；与大学合作，推动科技成果转化，加速项目商业化进程；与风险投资牵手，联合尽调，挖掘技术项目，实现分段式投资；与政府合作，推动新技术导入、新产业落地。深创谷正在勾画一幅迷人的画卷，在帮助他人创业的同时，李彤彤带领他的团队也顺利地走上了再次创业的道路。

孵化器如何服务好入孵企业

不论是垂直类型的产业孵化器，还是背靠投资商的孵化器，都面临一个共同使命，就是为入孵企业提供最需要的服务，帮助初创企业少走弯路，顺利成长。这是孵化器的首要任务。

那么，孵化器如何服务好入孵企业呢？

初创企业一般除了擅长技术，其他都缺：一缺资金，二缺资源，三缺专业服务。也就是说，孵化器可以从这三个方面入手，帮助入孵企业成长。

第一，资金。直接投资或者帮助融资、上市，是孵化器帮助企业获得发展资金的主要方式。例如，松禾创新孵化器本身就专业配套早期投资基金，松禾创新一号 1.6 亿元，松禾创新二号 2.5 亿元，松禾海创 10 亿元。而松禾创新基金投资的企业中，有 2 家企业申报了创业板，5 家登陆新三板，1 家被上市公司成功并购，60% 的入孵企业拿到两轮融资。

第二，资源。初创企业缺乏资源，孵化器要提供丰富的外部资源，包括软件和硬件资源、人脉资源、专家资源、客户资源、媒体资源等。例如，深创谷将创业者的想象力与经验丰富的制造者手中的资源实现无缝对接。松禾创新孵化器为入驻项目提供"三对一"深度服务：一个投资经理、一个服务人员、一个行业专家。松禾创新基地导师团成员包含松禾投资的 40 多家上市公司高层，松禾资本合伙人、资深投资经理，其他机构资深专家、行业技术专家和知名教授等。

第三，专业服务。厉伟说："投后服务相当于把创业公司扶上马，再送一程。而做孵化器，就是要'送一程'，要把服务做实、做透。"例如，深创谷利用自身长处给国内外一流创业项目提供优质工程设计服务，输出强大的工程技术能力，在创业者最脆弱的时候贡献价值。

后记

　　今年金秋，第十届中国深圳创新创业大赛如期举行。十年来，深创赛舞台上诞生了一大批创新创业新星。过去的获奖企业今天发展得如何？广大创业者如何从他们的故事中吸取宝贵经验和精神力量？因为这样的初衷，于是有了《深圳创业故事》。

　　《深圳创业故事》不是一本单纯的关于如何创造财富的书，它更像是一本关于人生的书，讲述不同类型的创业主体为何会选择创业，以及在创业过程中他们遭遇了多少个坎，又是如何跨越的。从一个个故事里，读者将会了解创业的复杂和艰辛。诚然，书中所提及的企业也只是取得了阶段性的成果，企业的未来会怎样，谁也无法准确预知，但有一点是肯定的，那就是要把企业做大做强，就必须与时俱进，持续创新，并不断加强管理。

　　长期以来，深圳市委、市政府非常关注和支持创新创业的事业。而在十年前，深圳就举办了第一届中国深圳创新创业大赛，通过推介培训、竞赛评审、政府扶持和资本对接、专家辅导体系，引导各类创新资源合力支持企业创新和团队创业。这种"政府搭台，企业唱戏"的模式，到2018年已经延续了十年。据不完全统计，大赛吸引了22986个项目参与比赛，培育出6家上市企业、85家新三板企业、434家国家高新技术企业以及333家深圳高新技术企业。通过深创赛以及其他展示创新创业的平台，我们更真切地看到，许许多多的创业者正在为深圳经济社会发展注入鲜活的动力。

借深创赛十周年的契机，我们有幸采访了深创赛的部分优秀选手和深圳新兴产业中具有代表性的一些创业主体，以创业故事的方式呈现给读者，看看他们如何把自己的命运与这座城市放在相同的频率上，演奏出荡气回肠的深圳创业交响乐。

《深圳创业故事》从 2018 年 2 月份开始筹划，5 月份开始相关内容的搜集和整理，按照大学生、草根创业类型，安稳职业者创业类型，海归创业类型，连续创业类型，投资机构、孵化器类型，实地采访创始人。由于时间紧张，篇幅有限，本书只选取了二十家具有代表性的企业和机构，还有许多优秀的企业因为时间安排等因素未能进行采访，无法展现其精彩的成长历程，深感遗憾。在这里，要深深感恩每一位创业者的信任和支持，感恩他们对深圳所做的宝贵贡献。

可以预见的是，在新时代创新创业大道上，深圳的创新创业者会越来越多，创新创业氛围会越来越浓，深圳在粤港澳大湾区国际创新中心的建设中将贡献更大的力量。那么，深圳的创业故事也会越来越丰富，越来越精彩。因此，《深圳创业故事》也就有了长久不息的生命力。

谨以此书献给深创赛十周年，献给奋力拼搏、不懈追梦的创新创业者们。

本书编委会